Dieses Buch gehört/ist für ______________________________

Weil jeder Tag zählt

Das Buch für mehr Leichtigkeit und Lebensfreude

STEFAN GOEDECKE

Weil jeder Tag zählt

Deutsche Erstausgabe 9/2023

3. Auflage 2/2026

Umschlagsgestaltung: Annemarie Belabbas

Satz: Kim Trank

Lektorat: Stefan Michaelis

Druck und Bindung: Shanghai E-Tang Import & Export Co., Ltd. (China)

ISBN 978-3-948537-42-5

Kindle 978-3-948537-59-3

EPUB 978-3-948537-60-9

www.auerbach-verlag.de

Für mehr Träume,
die wahr werden.

Gebrauchsanleitung für dieses Buch

Dieses Buch möchte dich daran erinnern, wie schön und leicht sich das Leben anfühlen kann. Dieses Buch möchte, dass du wieder auf die Wunder des Lebens siehst. Du kannst es lesen wie eine Geschichte über das Leben. Vielleicht findest du dich in dem ein oder anderen Gedanken wieder, überlegst ein wenig, blätterst noch einmal zurück und liest eine Stelle erneut. Das ist okay. Denn wie das Leben, wird sich auch die Bedeutung von dem einen oder anderen Kapitel in diesem Buch für dich verändern. Und manchmal führt uns das Leben auch zu einem Anfang zurück. Was ich damit sagen will: Lies entspannt. Nimm dir Zeit für dich. Lass die Geschichten, Gedanken und Gedichte wirken. Du musst in diesem Buch nichts ausfüllen, lernen oder mitmachen – es sei denn, du willst es. Lesen reicht, um zu verstehen. Für dieses Buch habe ich selbst viel gelesen und in Studien recherchiert. Du findest im Anhang eine Liste der Literatur, die mich inspiriert hat und die wichtigsten Studien, die in sich selbst sicher auch spannend sind zum Weiterlesen. Im Buch findest du Hinweise auf den Anhang ***kursiv und fett*** geschrieben. Ich selbst schreibe schon sehr, sehr lange über Achtsamkeit und Persönlichkeitsentwicklung. In meinem eigenen Verlag sind so schon mehr als 60 Zeitschriften der Auszeit und Ich Bin entstanden. Ich habe dutzende Bücher dazu gelesen und auch schon selbst das eine oder andere geschrieben. Vor allem aber lerne ich jeden Tag vom Leben – in all seinen Höhen, aber eben auch seinen Tiefen. Ich bin dabei weder Psychologe noch Arzt. Alles, was ich mit dir teile, basiert auf persönlichen Erfahrungen von mir, aus meiner Arbeit sowie einer intensiven Recherche zu den einzelnen Themen. Diese Hilfe zur Selbsthilfe kann dir bis zu einem gewissen Punkt nützen – aber vielleicht nicht darüber hinaus. Daher beachte bitte, dass meine Hinweise und Strategien hier nur für psychisch gesunde Menschen gedacht sind. Du bekommst mit diesem Buch weder eine Therapie noch eine ärztliche Beratung.

Inhalt

Prolog: Wir haben etwas gemeinsam

Unsere Leben ähneln sich. Wir werden in die Welt geboren, lernen uns auszudrücken, das Laufen, essen das erste Mal Schokoladenkuchen oder Pizza. Wir entdecken diese Welt mit einer unbändigen Neugier, der Lust und Liebe am Entdecken, wir begreifen sie und lassen uns von ihren Wundern verzaubern. Neben unserer Familie lernen wir nach und nach andere Menschen kennen und schätzen, schließen Freundschaften und sehnen uns in der Pubertät nach dem einen Menschen, der uns künftig durch das Leben begleiten soll. Uns allen einen die gleichen Träume, das Streben nach Wissen und Erkenntnis genauso wie die Lust auf das Leben. Unsere Tage fühlen sich endlos an, die Nacht ist nur ihre Verlängerung. Wir lernen, dass Schmerz wieder schnell vergeht und es nach einem Rückschlag immer weiter geht. Wir wachsen auf in der Gewissheit, dass das Leben schön ist.

Weil wir es genießen. Mit der ganzen Kraft unseres kleinen Herzens leben wir jeden Tag.

Doch dann wachen wir eines Morgens auf und sind plötzlich groß. Eigentlich haben wir uns das ja schon lange gewünscht. Aber wir waren nicht darauf vorbereitet, dass es sooo anders sein wird, dass es sich sooo anders anfühlt, dass sich sooo viel verändert. Wir fragen uns, ob das nun immer so sein wird. Und dann spüren wir erstmals im Leben die Sehnsucht nach dem Kind in uns.

Sorgen schleichen sich in unser Leben – zusammen mit Zensuren, Bewertungen und Maßstäben. Wir werden angepasst und passen uns an. Unser Leben wird erst anders, dann bequemer und schließlich fühlt es sich irgendwie schwerer an. Wir träumen kleiner und seltener. Wir glauben nicht mehr an unsere Träume. Wir leben mehr Alltag und weniger Neues. Die Tage beginnen kürzer zu werden, der Jahreslauf scheint nicht mehr so unendlich wie »damals«.

Immer wieder schickt uns das Leben eine Erinnerung, dass sich doch eigentlich nichts geändert hat. Sonnenstrahlen. Kirschblüten. Schokolade. Urlaub.

Einen neuen Job. Die eigene Familie.

Wir können das sehen. Wir spüren, dass da noch so viel für uns ist. Aber wir fragen uns immer öfter, wie das einst mit dem Genießen und dem Leben im Moment so funktioniert hat. Eigentlich wollen wir nur wieder träumen können – genauso leicht wie früher, aber doch anders, da sich mit uns ja auch die uns wichtigen Themen geändert haben.

Wie also kann das funktionieren, dieses wild-romantische und unbändige »wie früher, und doch anders?« Haben wir die Leichtigkeit in uns vielleicht für immer verloren? Oder haben wir sie nur tief unter den Lasten unseres Alltags in irgendeinen Karton unseres Lebens hineingepackt und dann vergessen?

An diesem Punkt begeben wir uns auf die Suche nach uns selbst.

Meine Suche begann nach dem Abitur. Es war eine erste Sinnkrise, die mit diesem großen Abschied von dem bis dahin bekannten Leben und der Angst vor diesem neuen, viel Verantwortungsvolleren begann. Ehrlicherweise dachte ich damals, dass mein Leben vorbei sei – mit Anfang 20. Ich war erwachsen, Abitur und Abiball lagen hinter mir, genauso wie ein großer Teil meiner Jugend, und ich stürzte mit Anlauf in ein großes, schwarzes Loch. Ich begann, mehr zu zweifeln als zu leben.

Was kann jetzt in diesem Leben noch für mich kommen?

Mir fiel es schwer, mich in den neuen Alltag einzufinden, der auch bedeutete, zu 100 Prozent für mich selbst zu sorgen und Verantwortung zu übernehmen. Die darin liegende Freiheit, die Chancen, die Lust auf das Neue, das alles sah ich erst später, so wie viele Menschen in ihren Lebensläufen.

Die Frage »was kommt da noch für mich?« habe ich mir seitdem immer wieder gestellt, immer dann, wenn es diese Brüche in meinem Leben gab. Erst heute, so viele Jahre später, habe ich endlich mehr Antworten als Fragen. Denn nur rückblickend erkennen wir, dass das Leben wie eine Welle ist. Mal surfen wir ganz selbstverständlich auf ihr, mal droht sie, uns zu verschlingen. Manchmal umspült sie sanft unsere Füße, mal zieht sie uns brutal den Sand unter ihnen weg. Manchmal stürzen wir auch dann ins Wasser, wenn wir noch nicht schwimmen können. Meistens aber tauchen wir einfach durch sie hindurch oder surfen freudvoll auf ihrem Kamm. Und wenn das mal nicht klappt, lernen wir es eben. Auch wenn uns das ein oder andere mal der sichere Stand fehlt oder die Luft bei einem Tauchgang knapp wird, tief in uns wissen wir:

Das Leben ist schön.
Das Leben ist leicht.
Das Leben ist Genuss.
Das Leben ist jetzt.

Wir vergessen das nur viel zu oft auf dem langen Weg durch unser Sein.

Deshalb gibt es dieses Buch. Dieses Buch möchte dich daran erinnern, was für ein Wunder unser Leben ist. Es ist ein Plädoyer für mehr Genuss, für mehr Zeit für sich. Für das selbst dürfen und sich auch erlauben. Es ist ein Manifest für mehr Achtsamkeit und ein großes Danke an das Neue und Unbekannte.
Du wirst im Laufe des Buches merken, dass dieses Buch dabei für ganz viel »für« steht und das Wort »gegen« nicht so sehr mag. Denn das Herz liebt Träume und nicht den Kampf. Wenn du dir also wünschst, wieder mehr Leichtigkeit im Leben zu spüren, mehr Wünsche und Träume zu leben oder sich vielleicht gerade auch einer dieser »Was kommt da noch für mich«-Fragen stellst, dann möchte ich dich einladen, ein Stück deines Weges mit mir und diesem Buch spazieren zu gehen. Ich verspreche: Wir werden dabei zusammen ein großes Lagerfeuer in unseren Herzen entzünden, an dem wir wieder die Wärme und Magie des Lebens spüren und damit auch wieder andere Menschen einladen können, daran teilzuhaben.

Wir werden gemeinsam wiederfinden, was wir verloren glaubten.

Für diese sehr persönliche Reise in diesem Buch möchte ich dir gerne auch mit einem persönlichen »Du« ansprechen. Dieses »Du« verbindet uns – zwei

Menschen, denen ein erfülltes Leben wichtig ist. Denn uns alle eint das Leben, sodass dir vielleicht auch das ein oder andere, wovon ich in diesem Buch berichten werde, bekannt vorkommen wird. Dieses Buch ist dabei wie eine Brücke zwischen uns. Ich hätte es nicht geschrieben, wenn mich das Thema nicht selbst bewegen würde, und du würdest es nicht lesen, wenn Titel und Thema nicht wichtig für dich wären. Während wir mit meinen Zeilen hier ein Stück deines Weges zusammen gehen, wirst du Halt und Inspiration finden. Du wirst die Kraft des Moments spüren und das Leben neu lieben lernen. Du wirst mit mir träumen, lachen – manchmal vielleicht auch weinen –, doch vor allem dich selbst spüren. In diesem Prozess möchte dir dieses Buch Halt geben und dich unterstützen. Es wird dir dafür die eine oder andere persönliche Geschichte erzählen. Manchmal findest du in ihm auch ein wenig Lyrik, mit und von der wir viel besser lernen können als mit jeder Übung. Denn Gedichte und Geschichten liest du mit dem Herzen, und nur, was uns im Herzen bewegt, wird auch bei uns bleiben. Alles andere lernen wir nur auswendig, um es wieder zu vergessen, wenn wir es nicht mehr oder nicht mehr so dringend brauchen.

Es sind die Geschichten aus dem Leben – für das Leben, kleine Impulse, die dich wirklich weiterbringen. Weil wir so nicht einfach nur lernen – wir verstehen. Du wirst feststellen, dass im Vergleich zu anderen Lebensratgebern, in meinem Buch weniger Übungen enthalten sind, die auch wirklich so heißen. Üben wirst du dennoch an vielen Stellen des Buches können (auch wenn es sich gar nicht so anfühlt) – natürlich nur, wenn du es möchtest. Du kannst dieses Buch aber auch einfach so lesen. Denn eine gute Begleitung auf deinem Weg bedeutet ja nicht, dass sie dir immer vorschreibt, was du jetzt in diesem Moment vielleicht »besser« oder gar »richtig« machen solltest. Auf dieser Reise ist es vielmehr wie im Leben auch. Einem Menschen, der an deiner Seite ist, kannst du erzählen, was dich bewegt, und du erfährst, was ihn bewegt, wie er oder sie »das« gerade macht. Du bekommst einen Rat, wenn du möchtest – aber du entscheidest selbst, ob und wann du diesen umsetzt.

Dieses Buch möchte dir helfen, den Karton mit deiner Leichtigkeit wiederzufinden. Zusammen können wir ihn vielleicht auch öffnen und diese wilde freie Kraft neu entdecken, die in dir wohnt und Leben heißt. Lass uns hier also einfach nur wie unter Freunden in einer angenehmen Atmosphäre über die vielen Wunder unseres Seins reden.

Dieses Buch soll schließlich dein Leben entspannen und nicht ein weiterer Punkt auf deinen ohnehin schon zu vielen To-do-Listen sein. Es soll dir guttun, wann immer du darin liest.

Das ist schon alles. Aber vielleicht ist das ja schon sehr viel.

Ich freue mich jedenfalls sehr auf unseren gemeinsamen Weg. Also, komm mit. Lass uns leben.

Und auch wenn unsere Träume heute andere sind,
sind sie doch noch immer schön...

Zeit für was Neues

Ich bin oft so müde
Morgens beim Aufstehen
Hab' gar keine Kraft mehr
Leb nur so vor mich hin
Alles Routine
Alles nur Alltag
Das Glitzern verschwand
Aus meiner Welt

Ich würd's so gern wieder sehen
Und fühlen im Herzen
Wieder Wunder bestaunen
Das große Leben von einst
noch einmal tief in mir spüren

Ich kann mich noch erinnern
Hatte so viele Wünsche
Ideen und Träume
Doch jetzt schmeckt das Heute
Nur noch nach Abschied
Und dunkler Tristesse

Du, ich will doch noch bleiben
Hab' keinen Grund schon zu gehen
An sich ist es doch schön hier
Meine Augen können es doch
Jeden Tag sehen

Ich denk ich hab' nur vergessen
Auch das Schöne zu spüren

Es liegt so tief
in meinem Herzen
Vergraben im Grau

Ich glaub ich fang jetzt mal an
In mir zu suchen
Bin sicher es lohnt sich
Dieses Schürfen nach Glück

Es ist doch immer
Zeit für was Neues
Für mehr Glitzer
In einem Grau
Lass uns von vorne
Beginnen zu leben
Wieder träumen in Farben
Das Genießen neu lernen
Es war doch schon einmal
So selbstverständlich und leicht

So wird die Erinnerung endlich
Ein Stück von unserem Heute
Mit der Erfahrung von damals
Als süße Glasur
Das schmeckt sicher anders
Als das Neue von Früher
Doch das ist schon in Ordnung
Denn wir probieren ja nun
Das Glitzern vom Jetzt

Das Geschenk deines Lebens

»Der größte Irrtum der Menschheit ist, dass sie glaubt, sie habe Zeit.«

Kennst du das? Diesen Moment, in dem wir uns ein Fotoalbum aus dem Schrank herausholen, einen Tee machen und uns bequem auf das Sofa setzen. Der Moment, in dem wir in unsere Vergangenheit, in unsere Geschichte abtauchen, Bilder aus unserer Kindheit aufleben lassen. Der Moment, in dem uns bewusst wird, dass wir schon einen langen Weg gegangen sind und das Ziel näher als der Anfang ist. Der Moment, in dem wir erkennen, dass die uns gegebene Zeit kostbar ist, die Zeit, die uns am Tag unserer Geburt das Leben persönlich mit vielen anderen guten Wünschen in die Wiege gelegt hat.

Es ist dein größtes Geschenk, es ist das Geschenk deines Lebens.

Damals, als wir noch klein waren, nutzten wir diese Gabe. Wir lebten und liebten jeden Tag. Bedingungslos. Langsam wurden wir erwachsen und kosteten noch mehr von unserem Geschenk.

Das Leben pulsierte in uns, der kräftige Schlag unserer Herzen gab den wilden Takt unseres Seins vor. Jeder Tag gehörte uns, war unendlich und selbst die Nacht roch nach Abenteuer, stets mehr Faszination als Schrecken. Wir fühlten uns stark, wir flogen, getragen von den Schmetterlingen in unserem Bauch, in rasendem Tempo durch unsere Welt.

Das war die Zeit, in der wir irgendwann nicht mehr an unser Geschenk gedacht haben, weil es sich so selbstverständlich angefühlt hat, es zu besitzen. So haben wir es versäumt, immer mal »Danke« zu sagen für all die großen und kleinen Wunder, die uns das Leben täglich zeigte.

Wir haben unser Geschenk irgendwo hinter einem Vorhang abgestellt in der Hoffnung, es dort zu finden, wenn wir es einmal brauchen würden. Dort verstaubt es nun neben den alten Fotoalben, dem Teddy aus der Kindheit und dem letzten Schulzeugnis.

Nach und nach, meist wenn es uns nicht so gut geht, schleichen wir in den Keller unserer Erinnerungen, suchen den Schrank und schieben den Vorhang beiseite. Wir schauen uns die Fotos an, denken an die »gute Zeit« von damals und vergewissern uns, dass noch »alles da ist«. Wir denken in solchen Situationen liebevoll an unsere Vergangenheit, aber kehren genauso schnell wieder zurück zum Jetzt und kosten weiter vom Leben.

Je älter wir werden, desto ausgetretener wird die Treppe in unseren Keller, desto häufiger schauen wir hinter den Vorhang. Wir fühlen, dass unsere Tage kürzer werden. Wir können manchmal nicht einschlafen, weil wir wehmütig an die unbeschwerten Tage unserer Jugend und das pulsierende Leben in uns zurückdenken. Unsere Nächte werden länger und manchmal weicht die Dunkelheit auch am nächsten Morgen nicht von unserer Seele. In dieser Zeit machen wir uns wieder auf die Suche nach dem Geschenk, das wir einst erhielten. Wir wissen, dass wir es einst irgendwo neben unseren Erinnerungen in diesen Schrank im Keller gepackt haben. Hinter den Vorhang, den wir nun schon so oft vor- und zurückgezogen haben. Wir suchen es in unseren Fotoalben von damals, im Duft des Teddys, der noch ein Stück unserer Kindheit bewahrt hat. Irgendwo hier liegt es versteckt. Du weißt es, aber du vermagst es nicht mehr zu finden, da du nicht weißt, wonach du genau suchen sollst. Du weißt nur, dass es mit diesem unbändigen Leben von damals in uns, den Schmetterlingen im Bauch und den Glanz in unseren Augen, zu tun hatte. Du weißt noch, wie es sich anfühlt, du kennst noch seine berauschende Wirkung. Aber du hast vergessen, wie dieses Geschenk aussieht.

Irgendwann bist du dir dann gar nicht mehr sicher, ob du es wirklich in diesen Schrank hineingepackt hast. Denn du hast schon alles zehn, zwanzig Mal raus- und wieder reingeräumt. Und doch hast du es nicht mehr gefunden. Dabei wünschst du dir dieses Geschenk so sehnlich zurück, viel sehnlicher als alles andere. Noch einmal Leichtigkeit fühlen, noch einmal groß träumen, noch einmal in Gedanken zur Sonne fliegen. Noch einmal alle Zeit der Welt haben, unbegrenzt, unbändig, ungezähmt. Doch die Zeit können wir nicht zurückdrehen, sie ist endlich, auch wenn sie uns doch einst so endlos schien.

Und so fühlt sich das Leben heute anders an, ja. Doch das ist auch OK, denn es ist ja auch anders.

Wir verändern uns im Laufe der Zeit, während wir unser Geschenk leben. Erst bemerken wir das gar nicht, und etwas später sehen wir zwar, wie wir uns verändert haben, wollen es aber oft nicht wahrhaben. Doch irgendwann weist uns das Leben in seiner Weisheit deutlich daraufhin, dass wir die großen Koffer ab jetzt besser unsere Kinder tragen lassen. Alles im Leben hat seine Zeit. Das lernen wir durch unser Geschenk. Das tut manchmal weh, weil wir glauben, alles müsste ewig so sein, wie es einmal war. Doch die Zeit verändert auch mich und dich. Leben kann sich nicht im Stillstand entfalten. Und so gehören auch die Falten, Dellen und Beulen unseres Lebens zu uns. Denn sie alle sind Zeugnisse unserer Einzigartigkeit, unserer Erfahrungen und Erlebnisse. Erst mit Wachstum wird Reife ermöglicht. Und mit unserer Reife, den Gedanken und Ideen eines Menschseins, können wir neuem Leben beim Erblühen helfen. Unser Geschenk hat uns also auch Aufgaben auf unseren Weg gegeben. Aufgaben, die mit der Zeit, die wir schon gelebt haben, nicht einfach verschwinden, sondern sich nur verändern.

Das Bewusstwerden, dass Zeit endlich ist, uns und unser Leben verändert, ist ein teils schmerzlicher Prozess. Wir müssen loslassen lernen, Veränderung zulassen. Wir sehen Abschiede und wissen deshalb, dass auch wir irgendwann gehen werden.

Weil das Leben ist. Diese Erkenntnis ist in der uns gegebenen Zeit verborgen – und sie macht dein Geschenk erst kostbar. Und egal ob du es willst oder nicht, dieses Geschenk gab es damals nur ganz: als Gefühl der Unendlichkeit, des unstillbaren und schier endlosen Genusses, zusammen mit der Akzeptanz der Endlichkeit unseres Lebens, dann, wenn die Reife dem Abschied weicht.

Dann gibt es kein Morgen mehr, nur noch Erinnerungen. Dann ist es zu spät, noch einmal ans Meer zu fahren und die Füße in die Ostsee zu halten. Dann ist es zu spät, das erste Mal Sushi zu essen. Dann ist es zu spät, deinem Partner zu sagen, dass du ihn liebst.

Dann ist es zu spät.

Wir haben viel Zeit geschenkt bekommen, aber früher oder später erkennen wir alle, dass sie endlich ist. Sie läuft seit unserer Geburt ab, Stunde um Stunde, Minute um Minute, bis auf unserer Lebensuhr nur noch Sekunden stehen.

Dann ist es zu spät.

Zu spät, noch einmal Fußball zu spielen. Zu spät, sich neu zu verlieben. Manchmal sogar zu spät für einen Abschied. Und in einem dieser Fotoalben-Momente erkennen wir das.

Ich weiß, dass du, ich, wir alle deshalb irgendwann nach unserem Geschenk suchen werden, dann, wenn wir merken, dass die Tage nicht unendlich sind und dass es auch für uns eine Nacht geben wird. Dann sehnen wir uns danach, es wieder zu finden. Wir suchen es. Überall. Meist an den falschen Orten. Wir glauben, es zu finden, wenn wir dies oder jenes tun oder haben oder kaufen. Doch dieses Geschenk ist nicht käuflich, denn es ist einfach nur tief in uns verborgen. Es war nie weg.

Denn du fühlst auch heute noch die Schmetterlinge in deinem Bauch. Sie flattern nicht mehr so ungestüm bei jeder noch so kleinen Sache wie früher. Aber sie sind noch immer da. Die Schmetterlinge werden nur mit uns gemeinsam jedes Jahr ein wenig älter, erfahrener und auch entspannter. Leg dir die Hand auf deinen Bauch und fühl in dich hinein: Du kannst sie spüren. Denk an die schönen Dinge deines Lebens heute, gestern und morgen, und ihr zarter Flügelschlag wird dich kitzeln und wieder glauben lassen. Du spürst den Takt deines Herzens, ruhiger vielleicht, aber nicht minder kräftig und stark. Und es gibt noch immer diese Nächte voller Abenteuer, Erlebnisse, die da draußen auf uns warten. Statt mit Wehmut zurückzublicken ist es an der Zeit, mit Dankbarkeit das Erlebte zu feiern.

Wir werden in unseren Erinnerungen nicht finden, was wir glauben, verloren zu haben. Es geht auch gar nicht darum, dass alles so ist wie früher. Denn Erinnerungen sind Vergangenheit, eine die dich prägte und aus dir den Menschen gemacht hat, der du jetzt bist. Doch heute lebst du im Jetzt, und da draußen warten noch so viele Wunder auf dich!

Wenn Du also vielleicht gerade heute wieder einmal auf deiner ausgetretenen Kellertreppe der Erinnerungen stehst, auf der Suche nach deinem Geschenk: Geh wieder nach oben. Genieß die Sonne, mach einen Spaziergang, telefoniere mit Freunden. Schau Netflix oder iss die Schokolade, die noch von Weihnachten übrig ist. Mach Pläne, mal dir deine Zukunft in den buntesten Farben. Lache, Weine. Liebe. Nutze jede Sekunde. Denn genau das würde sich das Leben von dir wünschen, dass dir deine Zeit einst zu deinem ersten Geburtstag so großzügig geschenkt hat.

Es gibt keinen Vorhang vor einem Schrank, keinen Staubwedel, der die dir geschenkte Zeit hinter alten Fotoalben und deiner Modelleisenbahn wieder freilegen könnte. Denn dein Geschenk ist in dir und du trägst den Schlüssel zu ihm in deinem Herzen. Du musst nur daran glauben. So einfach, so schwer. Öffne dein Herz, zieh den Vorhang deiner Gedanken weit auf und gib der Sonne und dem Leben einen Platz in dir. Sei weiter neugierig, freu dich auf das, was da noch kommt und das, was dann als neue Erinnerung bei dir bleiben wird.

Das Leben ist nicht zu Ende, nur weil wir den schweren Koffer nicht mehr so gut tragen können. Es ist eben nur – anders. Und doch so lebenswert. Wenn du heute mit deinem Schlüssel dein Herz aufschließt, wirst du schon bald neue Erinnerungen in deinen Schrank stellen können. Die erste Reise nach Sardinien vielleicht, einen Sprachkurs in Spanisch oder die zweite große Liebe, die anders ist als die erste, aber dennoch wunderschön. Denn weißt du: Unsere Zeit ist erst zu Ende, wenn sie zu Ende ist. Und dieser Tag ist nicht heute. Dieser Tag mag bald kommen oder er ist noch in weiter Ferne. Es ist gut, nicht zu wissen, wann dieser Tag ist. Aber es ist ebenso wichtig zu erkennen, dass auch unsere Zeit hier endlich ist. In dieser Erkenntnis liegt das Geheimnis des Gestaltens. Denn wir Menschen neigen dazu, etwas erst wirklich aus ganzem Herzen zu genießen, wenn uns bewusstwird, dass etwas zur Neige geht, dass etwas endlich ist. Erst wenn uns klar wird, dass wir etwas nicht einfach ersetzen können, erkennen wir den wahren Wert von diesem »etwas«. Im Mangel erkennen wir plötzlich die Schönheit des Seins. Und je schneller, je früher wir das sehen können, desto mehr davon können wir noch genießen.

Du brauchst nicht weiterzusuchen. Du hast dein Geschenk nie verloren. Es ist in deinem Herzen, es wird für dich immer dort sein. Und es freut sich darauf, dass du es wieder entdeckst. Am besten noch heute.

Denn diese Zeit ist deine Zeit.

Und deine Zeit ist jetzt.

»Du bist nicht hier, um nur an einem Ort zu verweilen. Du bist hier um zu entdecken, zu teilen, zu lernen und zu lieben. Du bist wie das Wasser im Ozean des Lebens. Mal stürmisch, mal spiegelglatt ruhig, den Blick freigebend bis zum Horizont, mal fordernd, mal wissbegierig alles verschlingend. Du bist malerisch schön, geheimnisvoll tief und voller Überraschungen. Du bist du und du bist die Welt«

Das Geheimnis des Hier und Jetzt

Plötzlich neu

»Wir stehen morgens auf, machen uns fertig für einen neuen Tag und leben diesen so wie jeden anderen. Dann machen wir uns fertig für eine neue Nacht, legen uns schlafen und warten auf den nächsten Tag. Dann stehen wir morgens auf, machen uns fertig für diesen neuen Tag und leben diesen so wie jeden anderen. Dann machen wir uns fertig für eine neue Nacht, legen uns schlafen und warten auf den nächsten Tag. Und erst wenn wir uns in der Nacht wieder erlauben zu träumen, stehen wir morgens auf und leben unser Leben.«

Wir alle wollen die Zeit, die wir hier haben, möglichst glücklich verbringen. Wir wollen zufrieden durch unser Leben gehen. Wir wollen sinnstiftend wirken und unseren Kindern, Enkeln, Freunden, ganz einfach den Menschen auf dieser Welt etwas hinterlassen. Vielleicht so eine Art kleines Stück Ewigkeit, mit dem auch wir noch ein wenig hier sein dürfen, selbst wenn wir doch schon längst gegangen sind. Denn in der Erkenntnis, dass unsere Zeit hier endlich ist, dass sie abläuft, Minute um Minute, liegt auch der Wunsch, diese Zeit anhalten zu können. Ein kleiner Stopp, vielleicht sogar eine wilde Fahrt zurück an einen Punkt unserer Wahl. Noch einmal jung sein, noch einmal den ersten Kuss spüren dürfen, noch einmal das Wunder der Geburt erleben.

Noch einmal… Diese zwei Worte drücken unsere Sehnsucht aus, die Endlichkeit unseres Geschenkes vielleicht doch noch auszutricksen. Irgendwie. Und vielleicht, vielleicht ist das ja auch möglich. Dieser Wunsch nach einer Zugabe, einer Verlängerung – in welcher Welt auch immer, findet sich schließlich auch in den meisten Weltreligionen wieder, ob nun als parallele Welt in einem Himmel oder in einer Wiedergeburt unserer Seele. Im Zweifel auch in einem Regenwurm.

Wir kennen keinen Beweis, dass das möglich ist. Doch jetzt wird es spannend. Denken wir das ein wenig weiter, heißt dies umgekehrt auch, dass es keinen Beweis gibt, dass es unmöglich ist.

Beides wäre also – rein theoretisch – möglich. Und wenn wir uns für die Möglichkeit einer solchen Verlängerung öffnen, verlieren wir nichts, wenn es nicht so ist, gewinnen jedoch viel, wenn es doch so sein sollte. Sicherheit zum Beispiel, Ruhe und Gelassenheit in diesem Leben. Umgekehrt gewinnen wir nichts, wenn wir nicht daran glauben und es dann doch »irgendwie weitergeht«. Wir verlieren aber an Sicherheit und Ruhe im Hier und Jetzt. So jedenfalls sieht das der französische Philosoph ***Blaise Pascal*** in seiner berühmten »Wette«, ob es einen Gott gibt – oder eben nicht. Ich habe mir hier nur erlaubt, den Gegenstand einer solchen Wette ein wenig anders zu interpretieren. Der logische Schluss der Wette bleibt jedoch der gleiche. Dies wollte ich dir in diesem Kapitel voranstellen. Denn wenn wir auf der Suche nach unserem Geschenk sind und unseren Blick dabei oft in die Vergangenheit richten, finde ich die Vorstellung zumindest der Möglichkeit einer Zugabe stets tröstlich. Vielleicht hilft dir dieser Gedanke dann auch, wenn wir uns später im Buch mit dem Thema Abschied beschäftigen werden.

Bis dahin wollen wir uns aber erst einmal überlegen, wie wir im Hier und Jetzt glücklich und zufrieden leben können. Denn wenn wir den Moment leben, brauchen wir unser Heute ja gar nicht gegen ein Versprechen an ein Morgen eintauschen, auf das wir weder Anspruch haben noch eine Existenz-Garantie erhalten. Oder anders:

Wir müssen gar nicht wetten.

Viel wichtiger sind doch diese vier Fragen:

Was definiert deine Zeit?
Was fängst du mit ihr an?
Was ist dir wichtig?
Was wünschst du dir?

Rein physikalisch wissen wir, dass unsere Zeit in Sekunden, Minuten, Stunden, Tagen, Wochen, Monaten und Jahren gemessen wird. Wir alle mussten damals im Physikunterricht solche spannenden Diagramme mit einer Variable x ausfüllen, die im Verhältnis zu einer Zeitachse »t« steht. So könnte man auch unser Altern beschreiben. Von der Geburt bis zum Tod gibt es nur eine Richtung, in die wir uns bewegen. Die Kurve wird Höhen und Tiefen haben, aber sie findet dennoch irgendwann ein Ende.

Ich möchte nun, dass du deinen Blick von der Uhr nimmst. Zeit ist mehr als nur eine Maßeinheit, deren absolute Menge im Laufe unseres Lebens immer mehr abnimmt. Zeit ist mehr als das Verrinnen von Sand in einem Glas. Zeit ist nicht nur Naturwissenschaft. Denn was der Physik unmöglich ist, kannst du mit deinen Gedanken: Du reist in der Zeit. Du springst vom Hier und Jetzt in deine Vergangenheit, weil du dir von dort die Erinnerung holst, wie Kirschen am besten entsteint werden, wie du als Kind Fahrrad fahren gelernt hast oder wie es am Kap Arkona aussieht. Dann springst du in die Zukunft, malst dir aus, wie es mit einem Menschen an deiner Seite wäre, der dich begleitet, der dich liebt und unterstützt. Mit all diesen Erfahrungen, aber auch mit deinen Plänen, Ideen und Träumen lebst du dein Heute.

Unsere Zeit hier wird also bestimmt durch unsere Vergangenheit, die Gegenwart und unsere Zukunft. All das macht unser Leben aus und steht miteinander in Beziehung. Unsere Zukunft schaffen oder erträumen wir uns im Hier und Jetzt auf Basis unserer Erfahrungen aus unserer Vergangenheit. Das eine existiert nicht ohne das andere. Manchmal schenken wir nur der einen oder anderen Zeitform mehr Aufmerksamkeit als der anderen – je nachdem, in welcher Phase unseres Lebens wir uns gerade befinden und was gerade wichtig für uns ist.

Warum der Moment nichts ist – und doch alles

Die Achtsamkeitslehre stellt dabei den Moment, also das Erleben im Hier und Jetzt in ihren Mittelpunkt – schließlich ist jeder unserer Momente einzigartig und unumkehrbar. Daher sei jeder dieser Momente wichtig für uns. Folgen wir dieser linearen Betrachtungsweise, fühlen wir uns auch aufgefordert jeden dieser Momente zu »leben« – also intensiv zu spüren. Doch damit können wir uns das Leben auch schwer machen. Denn mit dieser Jagd nach den perfekten Momenten glauben wir auch, viel von unserem Leben zu verpassen, wenn wir dieses Auskosten mal nicht so richtig schaffen. Eigentlich ist das aber gar nicht schlimm. Denn die meisten Momente sind zwar wichtig und kostbar für uns, manchmal sind sie aber einfach nur das, was ihre wahre Natur ausmacht: Momente. Und die kommen und gehen dann auch wieder. Ob einer davon außergewöhnlich und wichtig war, weißt du zum Zeitpunkt des Erlebens oft noch gar nicht. Es wird uns erst in der Rückschau oder in unseren Träumen von der eigenen Zukunft klar und bewusst, ob ein Moment wichtig für uns war oder sein wird. Wenn du dich mit diesem Wissen nicht mehr verpflichtet fühlst, wirklich jedem Moment deines Lebens eine ganz besondere Bedeutung beizumessen, nimmst du deinem Leben eine selbstauferlegte Schwere und ermöglichst dir gleichzeitig mehr Zufall und Leichtigkeit im Herzen.

Natürlich leben wir im Hier und Jetzt – aber was wären wir dort schon ohne unsere Wurzeln oder Träume? Genauso wichtig wie den Moment zu genießen ist es also, auf deine Erfahrungen zurückzuschauen oder dich immer einmal in die Zukunft zu träumen.

Du kannst dir das Zusammenwirken von Gegenwart, Vergangenheit und Zukunft wie ein großes »Mensch Ärgere dich nicht«-Spiel mit dir selbst vorstellen. Die roten Figuren werden dabei durch deine Vergangenheit geführt, die blauen durch das Hier und Jetzt und die grünen symbolisieren deine Zukunft. Wie im echten Spiel ist mal die eine, mal die andere Farbe »vorne« – also wichtiger, wenn du so willst. Beim nächsten Würfeln – im Leben am nächsten Tag oder auch schon der nächsten Sekunde – kann das aber schon wieder ganz anders aussehen. Alle drei Farben interagieren in ihrem Spiel miteinander, manchmal werfen sie sich auch gegenseitig raus – oder auch »zurück«, um es auf das Leben zu beziehen. Dann sind wir mit unseren Gedanken zum Beispiel lieber in der Zukunft als im Heute oder erinnern uns an die vielen schönen Tage, die wir »damals« hatten, als einen Gedanken an unsere Zukunft zu »verschwenden«. Doch egal, an welchem Punkt des Spieles wir uns befinden: Wir haben stets die Chance, eine »6« zu würfeln, und mit der für uns gerade wichtigsten Zeitform zurück in das Spiel des Lebens zu finden. Am Ende werden wir alle unsere Figuren nach Hause gebracht haben. Am Ende gewinnen alle, weil sie zusammen waren und nun auch wieder sind, während sie den Weg dorthin – das Spiel, wenn du so willst – genossen haben. Und darum geht es doch: Lebensfreude und Glück empfinden in und mit dem, was wir taten, gerade tun und noch tun wollen.

Ich möchte dich daher einladen, einen entspannteren Blick auf dein Leben zuzulassen, denn deine Momente hier dürfen vor allem eins sein:

Leicht und schön, jetzt wo wir sie gerade erleben.

Dieser hier zum Beispiel, genau jetzt, während du meine Zeilen liest. Jetzt sollen sie dir einfach Freude bereiten. Und vielleicht fügen sich in ein, zwei Jahren die Worte aus diesem Buch zu einem dieser besonderen Momente für dich, weil du nach der Lektüre begonnen hast, dein Leben anders zu leben. Vielleicht bleiben sie für dich aber auch einfach nur das, was sie zunächst sind: Worte auf Papier, die dir einfach ein wenig Freude bereiten.

Die Bedeutung eines Moments für unser Leben erkennen wir also oft nach und nach mit dem Blick in die Vergangenheit. Ich zum Beispiel vermisse erst heute die Zeit sehr, in der meine Kinder noch so richtig klein waren. Den Geruch nach Penaten-Puder und Calendula-Creme. Das glückliche Glucksen meiner Tochter auf meinem Bauch, der einmal größer war als sie. Die Momente, in denen das Vorlesen eines Pixie-Buches mit märchenhaftem Inhalt noch viel besser war als jede Netflix-Serie. Es war schön, jeden Morgen mit zwei Kindern zum Kindergarten zu radeln, die alte Treppe des DDR-Betonbaus hochzugehen und in eine lärmende Umkleide einzutreten, in der ich ganz schnell Teil von »Schau mal, eine Kuhrakete« geworden bin. Damals war ich, das weiß ich nun, voll drin im Moment. In der Rückbetrachtung war das eine Welt voller Wunder. In dem seinerzeit erlebten Moment habe ich das sehr oft nicht so gesehen. Zum einen war »das« damals alles irgendwie selbstverständlich. Alltag und Routine eben. Zum anderen war ich mit meinen Gedanken oft auch nicht ganz bei der Sache.

Ich dachte mehr oder zumindest auch an die vielen Dinge, die ich für den Tag oder Abend noch organisieren musste. Den Fahrradschlauch wechseln, Windeln einkaufen, Essen kochen und die Kindergeburtstagseinladungen organisieren. Nebenbei noch 120 Prozent arbeiten und danach, dazwischen oder davor die Kinder pünktlich abholen. Ich hatte so viel Zukunft im Kopf, dass ich viele dieser wundervollen Momente gar nicht richtig genießen konnte und einiges meiner Vergangenheit mit dem erschöpften Einschlafen am Abend schon wieder vergessen habe.

Selbst wenn also ein Moment heute vielleicht nicht wichtig für dich ist, kann er morgen absolut alles für dich bedeuten. Das geht natürlich auch umgekehrt. Was uns bis gestern noch wundervoll und erstrebenswert erschien, kann morgen ganz anders aussehen.

Momente ändern sich in unserer Bewertung.

Das beweist der Psychologe und Nobelpreisträger Daniel Kahneman in seiner ***Höchststand-Ende-Theorie***. Darin zerlegt er den Moment in einen erlebenden Moment und einen erinnernden Moment. Kahnemans Idee ist, dass wir den erlebenden Moment schon mit seinem Vergehen von dem erinnernden Moment bewerten lassen. Wie diese Bewertung ausfällt, hat nach seinen Studien eher etwas mit der erlebten Amplitude eines Moments, sozusagen dem höchsten Adrenalinausstoß im Rahmen einer Verkettung von Momenten und mit dem Ende dieser Erlebniskette zu tun, als mit dem Moment als Ganzes. Ein Beispiel: Du fährst mit deinem Freund nach Kreta in den Urlaub. Das Wetter ist mies, das Mietauto eine Katastrophe und es wird dazu noch geklaut, ohne dass ihr eine Versicherung habt. Dein Freund bekommt Zahnschmerzen und muss sich behandeln lassen. Naja – und überhaupt: So richtig will keine Urlaubsstimmung aufkommen. Trotzdem liebst du in der Rückschau genau diesen Urlaub. Warum? Weil du am letzten Abend einen Heiratsantrag bekommen hast, total romantisch, am Strand vor dem einzigen Sonnenuntergang, der nicht von Wolken vermiest wurde. Eigentlich hattest du also eine ziemlich üble Sammlung von Urlaubsmomenten. In deiner Erinnerung wird dieser Urlaub jedoch etwas Großartiges sein: »Weißt Du noch, damals, auf Kreta…«.

Doch jetzt wird es gemein: Auch diesen erinnernden Moment hast du nicht für alle Ewigkeit. Stellt sich nach einiger Zeit heraus, dass der ehemalige Märchenprinz zu einem toxischen Narzissten mutiert und ihr trennt euch nach langen, oft schmerzvollen Erfahrungen wieder, wirst du diesen Griechenland-Urlaub eher als Startpunkt eines persönlichen Martyriums sehen. Das schlechte Wetter und das geklaute Mietauto werden sich dann wieder einen der vorderen Plätze in deiner Erinnerung erobern.

Ein Moment in unserem Leben ist also nicht alles und schon gar nicht absolut – er lebt sozusagen weiter in uns und kann sich auch in unserer Sichtweise auf ihn verändern. Vergangenheit und Zukunft prägen unsere Sicht auf den erlebten Moment in entscheidender Weise – und diese Sicht kann sich durchaus vom tatsächlich erlebten Moment unterscheiden.

Der Gedanken-Schrank

Alle Zeiten stehen so in gegenseitiger Abhängigkeit und können nicht getrennt voneinander existieren. Aber wenn sich alles ändern kann, ist das Leben im Moment vielleicht doch nicht die Konstante, die uns durch unser Leben begleitet? Was bleibt uns dann, wenn wir nicht wissen können, wie wir uns in unserer Zukunft an einen Moment erinnern werden? Die Antwort mag komisch klingen für dich, aber:

Es ist der Moment.

Das Erleben im Moment kann uns niemand nehmen. Die Sonne, die jetzt deine Nase kitzelt, das Hochgefühl, wenn du bei einem Wettkampf siegreich bist, der innige Kuss deines Partners. Die Augenblicke unseres Lebens versickern so schnell und unwiederbringlich in der Zeit wie Wasser im Wüstensand. Vielleicht ist das ja sogar die Essenz von Kahnemans Forschung: Zufriedenheit und Glück finden wir nur im Hier und Jetzt. Denn dem Blick zurück ist es nicht möglich, Momente zu wiederholen. Er kann sie nur neu bewerten. Gelebt haben wir diese Momente schon. Und so bedeutet das Erleben selbst letztlich doch alles für uns, auch wenn wir uns später nicht oder nicht mehr so daran erinnern werden.

Was vorbei ist, wird zu unserer Geschichte.

Immer wenn ein Moment geht, sortieren wir ihn in eine Erinnerungsschublade und kleben ein Etikett darauf. »Schwimmen im Kulkwitzer See« steht auf einem der meinen oder »Pilze suchen in Katzhütte«. Diese Ordnung ist wichtig für uns, damit wir unsere Momente wiederfinden können, wenn wir sie brauchen. Zum Beispiel die Erinnerung, wie man einen Topf mit kochendem Wasser öffnet – oder besser nicht. Wenn wir diese Schubladen nicht schließen, falsch beschriften oder Momente dort reinpacken, wo sie nicht hingehören, führt das zu einem wilden Durcheinander in deinem Kopf. Gedankenchaos. Du kannst dir das dann vorstellen, wie bei einem großen Kleiderschrank. Wir sortieren die Socken bei der Bettwäsche ein, stopfen die Hemden bei den T-Shirts dazu und lassen ein paar Schubladen oder gar den ganzen Schrank offenstehen, weil uns das gerade bequemer erscheint. Und so wie wir dann irgendwann vergeblich nach den richtigen Klamotten suchen werden, finden auch unsere Gedanken keinen ruhigen Platz mehr. Sie fühlen sich falsch eingeordnet oder einfach nicht abgeschlossen. Dann beginnen sie langsam, aber sicher, gegen die mentale Unordnung zu rebellieren. Sie zeigen uns damit, dass es höchste Zeit ist, unseren Gedanken-Schrank aufzuräumen. So weit, so gut. Schließlich wollen wir ja, dass unser Leben alles in allem »gut sortiert« verläuft. Dein Leben braucht diese Ordnung, denn es benötigt schließlich Platz für neue, für künftige Momente. Aber manchmal fehlt uns die Kraft oder die Zeit, das Leben zu organisieren. Dann kreisen all unsere Gedanken um die andauernde Unordnung im Kopf und wir haben keine mehr für das Leben im Hier und Jetzt oder unsere Träume übrig. Während wir so mit der Vergangenheit beschäftigt sind, vergessen wir zu leben. Neue Momente werfen wir nur noch achtlos vor unseren Schrank auf einen großen Haufen. Dort stapeln sie sich nach und nach und werden nicht mehr Teil unseres Lebens, weil wir gar nicht mehr wissen, wo wir sie fallengelassen haben.

Es ist es also wichtig, dass ein Moment gehen kann, wenn wir ihn gelebt haben. Es ist wichtig, dass wir ihn einsortieren und die Schublade schließen. Meistens funktioniert das auch sehr gut. Denn uns Menschen fällt es an sich leicht, mit Dingen abzuschließen, die wir nicht ändern können. Deshalb hat das Leben den Moment gleichzeitig wertvoll, aber eben auch flüchtig und endgültig, geformt.

Einmal gelebt, können wir ihn weder im Hier und Jetzt bewahren noch auf seine exakte Kopie hoffen. Unsere immer wiederkehrende Aufgabe im Leben ist es daher loszulassen, was wir nicht festhalten können. Manchmal aber ist einer dieser vielen kleinen Abschiede zu groß für uns – vielleicht wenn wir einen geliebten Menschen verlieren. Dann können wir einen Moment oder einen Abschnitt unseres Lebens nicht loslassen und wünschen uns das Unmögliche: eine Reise zurück in der Zeit. Wir projizieren unser Leben in eine Vergangenheit, die ein gnädiges Trugbild für unseren Kopf ist, damit er mit seiner Wahrheit unserem Herzen nicht mehr so wehtun kann. Oder wir träumen uns in eine Zukunft, die niemals mehr die unsere sein wird. Je mehr wir versuchen, in unserem Herzen die Vergangenheit festzuhalten, desto weniger Platz haben wir dort für das Hier und Jetzt. Du kannst dir das vorstellen wie bei einem Glas auf deinem Küchentisch, das zum Mittagessen noch immer zur Hälfte gefüllt mit dem Wasser des Frühstücks ist. Versuchst du dann, die volle Menge nachzuschenken, wird die Hälfte davon überlaufen. So ist es auch mit deinen Momenten. Wenn du in deinem Hier und Jetzt Momente sammelst, die zwar schon lange abgeschlossen sind, du sie aber nicht loslassen kannst, nehmen sie dir den Raum für neue. Vieles von dem, was dir dein Weg gerade schenkt, wirst du dann nicht leben können, denn es fließt an dir vorbei und nicht in dich hinein.

Die Zeitformen des Lebens

Das Hier und Jetzt braucht also die Vergänglichkeit, um sich selbst stetig erneuern zu können.

Bevor wir uns nun mit der Zukunft der dritten Zeitform des Lebens zuwenden, möchte ich mit dir zunächst deine dir wichtigen Dinge deinen ganz persönlichen Lebensabschnitten zuordnen – sozusagen ein wenig Ordnung machen in deinem Gedankenschrank. Dafür habe ich eine kleine Übung für dich vorbereitet, die dir zeigen wird, was dir in deinem Leben auf welchen Ebenen wichtig ist. In dieser Aufgabe steht ein Baum für die Zeitformen deines Lebens (ich habe als Bild einen Kirschbaum gewählt, weil ich diesen besonders gern mag). Er hat, wie du, starke Wurzeln in die Zeit getrieben, wächst stark und beherzt ins Licht, blüht, grünt und trägt Früchte, die einen Teil von ihm in die Welt tragen. Dieser Baum ist ein Wunder, genau wie du und dein Leben. In dieser nutzen wir die Kraft von Bildern. Wir brauchen das ***Visualisieren*** hier aber nicht, um eine bestimmte Idee unserer Zukunft oder eine gewisse körperliche Bewegung »vorauszudenken«, was oft Ziel einer Visualisierung in der Psychologie ist. Wir wollen mit dem Bild des eigenen Lebensbaumes vielmehr herausfinden, welche Dinge dich (gerade) in welcher Zeitform deines Lebens besonders beschäftigen – vielleicht ja auch belasten, um zunächst einen guten Überblick über deine Ist-Situation als Grundlage für einen guten Umgang mit diesen Dingen zu schaffen. Ich nutze Visualisierungen seit vielen Jahren selbst erfolgreich im Judo-Sport, um Bewegungsabläufe im Gehirn vor ihrer eigentlichen körperlichen Ausführung zu »proben«, kenne und schätze also ihre Kraft. Die Übung heißt:

Mein Lebensbaum

Nimm dir nun Zeit für dich und schaffe dir eine bequeme, luftig-schöne Umgebung. Und nun stell dir vor, dass du als Baum in den Himmel wächst, starke Wurzeln in die Zeit getrieben hast und sich gerade neue Blätter an deinen vielen Zweigen und Ästen zeigen. Während sich deine Krone Richtung Zukunft reckt, genießt dein Stamm den Fluss der Zeit in der Gegenwart, fest verwurzelt mit deiner Vergangenheit. Such dir nun eine Sache aus, die dich in deinem Leben gerade besonders beschäftigt und überlege, ob sie Teil der Krone, des Stammes, der Wurzel oder sogar des gesamten Baumes ist. Vielleicht beschäftigt dich die eine oder andere Sache auch in zwei oder drei Zeitformen deines Lebens. Wiederhole diese Gedanken für maximal vier weitere Lebenspunkte. Nimm deine Erkenntnisse mit zurück ins Hier und Jetzt und trag sie so spontan wie möglich in die vorgesehenen Abschnitte deines Lebensbaumes ein. Wenn du dabei noch Hilfe benötigst, findest du im Schaubild noch die ein oder andere Inspiration dazu. Im Ergebnis siehst du, welche Dinge dir in welcher Zeitform gerade am wichtigsten sind. Du hast sie sozusagen in deinen Gedankenschrank einsortiert und kannst sie so besser abschließen. Es ist gut möglich, dass eine Sache in verschieden Zeiten vorkommt. Diese Dinge beschäftigen Dich auf mehreren Ebenen. Das zu erkennen, ist der erste Punkt auf deinem Weg, gelassener mit diesem Ereignis umzugehen, ihm »Gewicht und Platz zu nehmen«, um damit Raum und Zeit für andere Dinge – für Neues zu schaffen.

Vergangenheit	Gegenwart	Zukunft

Vergangenheit = prägende Ereignisse als Beurteilungsbasis des erlebenden Moments. Schatzsammlerin, Einordnerin, Weltenschafferin und Wachstumsförderin.
Deine Wurzeln, deine Erfahrungen, Deine Herkunftsfamilie, erste Liebe, erste Partnerschaften, Krankheiten – Prägende Ereignisse und Ankerpunkte deines Seins. Spirituell auch Karma. Veränderbar in ihrer Einschätzung in der Gegenwart durch darauffolgende Ereignisse, Erfahrungen und darauf basierender Ziele und Zukunftsaussichten = Erinnerung oder erinnernder Moment.

Gegenwart = erlebender Moment. Höhepunktesammlerin und Alles-ist-am-Ende-gut-Wünscherin.
Spontaneität, Leben, Genuss, Achtsamkeit, Adrenalin, Lieben, Lachen, Weinen, Fühlen, Überlegung, Abwägung, Erfüllung (von Zielen, Wünschen), Umsetzung, Gestaltung und Ausrichtung auf Basis erlebter Erfahrungen, Verliebtsein und Blühen.

Zukunft = Projektion meines Ichs auf meine Wünsche, meine Ziele und meine Umwelt. Wegweiserin, Planschmiederin, Traumfängerin und Fantasieförderin.
Wünsche, Pläne, Ziele, Hoffnung, Morgen, immerwährende Liebe, Frucht und Ernte

Wenn der Platz im Buch zum Eintragen nicht ausreicht, kannst du dir den Lebensbaum auch von mir als PDF-Datei schicken lassen:
www.stefangoedecke.de/meinTag

Wenn du wieder bereit bist, lass uns mit der dritten Zeitform des Lebens weitermachen: der Zukunft. Aus ihr werden wir einst auf unser Heute zurückschauen. Denn in unseren letzten Jahren werden es unsere Erinnerungen sein, in denen wir den größten Teil unseres Lebens verbringen werden.

Vielleicht ist deshalb ja auch nur bedeutsam, was wir einst sein werden und nicht, was wir heute sind? Aus diesem Denken heraus wollen sich viele Menschen erst »in Zukunft« all die Wünsche und Träume erfüllen, von denen sie glauben, dass sie ihnen ihr Heute verwehrt. Doch das ist eine Wette auf Leben – und Tod. Denn wir wissen nicht, was, wer und wie morgen sein wird. Wir wissen im Hier und Jetzt nur eins:

Was wir heute nicht leben, hat nie die Möglichkeit Teil unserer Geschichte zu werden.

Es ist doch so: Wir verschieben viele Dinge aus dem Hier und Jetzt in unsere Zukunft, weil wir glauben WOLLEN, dass wir nur dann die Zeit für sie haben werden. Wir stellen Bedingungen an uns selbst, die uns daran hindern, im Hier und Jetzt bereits das zu erleben, was wir uns in unseren Träumen erst in 15 Jahren gönnen. Meist stellen wir dafür eine Wenn-Dann-Regel für unser Leben auf, zum Beispiel »wenn« ich Rentner bin, »dann« mache ich meinen Yoga-Retreat auf Bali. Wir erliegen damit dem süßen Gift unserer Komfortzone, die uns gerne dabehalten möchte, wo wir gerade sind – in Sicherheit – aber auch in unseren engen Grenzen. Diese selbst auferlegten Regeln führen aber nur dazu, dass wir unser Leben verpassen, denn wir verbieten es uns, im Heute etwas für das Morgen zu tun. Dadurch wird sich die Vision von unserer Zukunft meist nur als Fata Morgana entpuppen, je näher wir an sie heranrücken. Doch dann ist es zu spät für uns und unser Leben. In Kapitel 7 werden wir uns daher noch ausführlich mit der Komfortzone beschäftigen.

Die Wahrheit ist: Das Leben kennt keine Regel, die wirklich sicher ist. Diese selbstauferlegten Normen sind nur Ausreden für uns, mit denen wir unsere Wünsche in eine Zukunft verschieben, die wir weder kennen noch einen Anspruch auf sie haben. Was wir kennen und haben ist einzig das heute mit seinen

Momenten. Hier können wir unsere Zukunft zwar nicht bestimmen, aber doch in unserem Sinne beeinflussen: Wir sparen für die Weltreise. Für unsere finanzielle Unabhängigkeit morgen beginnen wir heute mit der dafür wichtigen Ausbildung. Wir schreiben heute den ersten Satz aufs Papier, damit später einmal ein Buch daraus werden kann. Das können wir tun. Heute. Der Moment schenkt uns damit so viel Sicherheit, wie es ein Leben überhaupt zulassen kann, ohne langweilig zu sein. Was aus einem Anfang wird, können wir nicht wissen. Doch wenn wir heute etwas beginnen, geben wir uns zwei wichtige Versprechen.

1. Wir werden das uns Mögliche für die Erfüllung unserer Wünsche und Träume tun.

2. Wir verschieben nichts mehr in eine ungewisse Zukunft, die wir so vielleicht gar nicht mehr erleben dürfen.

Und damit beginnen wir zu leben.

Im Moment, im Hier und jetzt. Wir projizieren nichts mehr in die Zukunft, was wir uns heute erfüllen können. Dabei nutzen wir die Erfahrungen aus unserer Vergangenheit, um heute den Grundstein für die Erfüllung unserer Träume zu legen.

Unsere Vergangenheit ist wichtig. Sie ist Teil von uns.

Unsere Zukunft ist wichtig. Sie wird Teil von uns werden.

Doch entscheidend für beide ist das Heute. Denn hier ist unser Leben.

Es ist also schon richtig, dass wir uns den Momenten in unserem Leben liebevoll und achtsam widmen. Doch blickst du ausschließlich auf den Moment, reduzierst du dich selbst auf diesen Teil von dir. Es ist die Balance, die uns hier im Gleichgewicht hält. Sieh dich mit deinem Herzen. Ganz zwanglos. Ohne die Fessel einer Bedingung im Hier und Jetzt, ohne das Verharren in der Komfortzone und ohne eine Wette auf die Zukunft. Du bist du. Mit deiner Vergangenheit, deinen Momenten und deinen Zielen, Wünschen und Träumen. Lebe deine Momente – ja. Aber setz dir auch Ziele, träume einfach mal in den Tag hinein und profitiere bei all dem von den Erfahrungen, die du schon gemacht hast. All das gehört zu dir. Dein Leben wird dir so noch viele schöne Momente schenken können. Für all das, was da noch für dich kommt, möchte ich mit dir auf unserer weiteren Reise in diesem Buch den nötigen Platz in deinem Erlebnis-Schrank schaffen und einen Raum in deinen Herzen finden, um davon zu träumen. Ich möchte mich zusammen mit dir dafür entscheiden, mit ihrer Verwirklichung zu beginnen. Ich freue mich auf diesen Weg mit dir. Als Abschluss in diesem Kapitel habe ich als Brücke in das nächste noch eine meiner Lieblingsübungen für dich vorbereitet, mit der du den Blick auf die schönen Dinge in deinem Leben richten kannst. Denn wir vergessen leider manchmal, dankbar für all die schönen Erinnerungen in unseren Schubladen zu sein – oft, weil uns das Hier und Jetzt nur wenig Zeit dafür lässt. Das ist sehr schade, weil das Gute in unserem Leben noch besser werden wird, wenn wir ihm mehr Aufmerksamkeit schenken. Die Übung heißt:

Übung: Ein Liebesbrief an mein Leben

Hast du eine Sache, die du dir für deine Zukunft wünschst? Oder erinnerst du dich oft und gerne an ein ganz bestimmtes Ereignis? Hast du vielleicht gerade eben auch ein besonderes Erlebnis? Dann schreib das doch einmal auf. Schreib deinem Leben einen Brief. Jaja, ich weiß, das klingt erst einmal komisch. Aber es macht Spaß, wenn man erst einmal angefangen hat. Ich habe das schon sehr oft getan und damit auch sehr gute Erfahrungen mit den Teilnehmerinnen und Teilnehmern meiner Kurse gemacht. Du kannst dir in so einem Brief vieles von der Seele schreiben, was dich bewegt. Und du kannst das meiste davon aus einer heilsamen Distanz betrachten, was für eine Analyse deiner Jetzt-Situation wichtig ist: Welche Momente waren wesentlich für dich, welche sind es gerade und welche werden es einst sein? Und, um die Brücke zum nächsten Kapitel zu schlagen: Was ist davon wirklich wichtig für dich und dein Leben? Versuch bitte, mit dem Herzen zu schreiben – vielleicht einfach einen kleinen Liebesbrief an dein Leben. Ich bin mir sicher, es freut sich darüber und wird dir danken. Wenn du Inspiration für deinen Text brauchst, kannst Du gerne mal in einen der meinen hineinschauen:

Liebes Leben,

Ich schreibe dir heute, weil ich dir danken will. Wir hatten doch bis heute eine echt großartige Zeit, du und ich. Klar, es gab auch heftige Momente, und doch haben wir uns immer wieder irgendwie vertragen. Das ist toll, denn das hat bislang nicht mit allen und allem geklappt. Ich habe geliebt, ich wurde und werde geliebt, ich hatte intensive und leise Momente. Ich konnte mich mit dir treiben lassen und du hast mich dabei nie im Stich gelassen. Meinem Herzen gabst du immer Kraft, meiner Seele Nahrung und meinem Körper Kraft. Immer wieder. Liebes Leben, das soll nicht darüber hinwegtäuschen, dass ich manchmal ziemlich sauer auf dich war. Denk mal an unseren Kreuzbandriss oder den frühen Tod unseres Opas. Du bist wie Eis aus meiner Lieblingseisdiele im Nachbardorf: Basilikum-Sorbet mit rotem Pfeffer. Eine von diesen komischen neuen Sorten, mit denen ich normalerweise wenig anfangen kann, weil ich ja eher das liebe, was ich schon kenne – unsere Komfortzone. Naja. Manche nennen mich deshalb spröde. Früher hat mich das beleidigt. Heute ist es mir (meist) egal, wie die meisten Menschen über mich denken. Auch dabei hast du mir geholfen. (…) Wenn wir uns heute trennen würden, würde ich das echt bedauern. Wir hatten eine gute gemeinsame Zeit, aber ich weiß, dass wir beide noch viel vorhaben. Ich habe noch Pläne, jede Menge Träume und vor allem liebe ich dich viel zu sehr, als jetzt schon woanders zu sein. Kurz: Ich finde es echt super, mit dir hier zu sein. Das wollte ich dir einfach mal sagen. Man sagt ja ohnehin viel zu selten »Danke« und verfällt dann ins Meckern. Also, liebes Leben: Danke, dass es dich so gibt, wie du bist. Ich freue mich auf unsere Zukunft. Aus einer bewegten Vergangenheit und einem großartigen Heute heraus. Und ich verspreche Dir: Es wird nicht langweilig mit uns.

Liebe Grüße, dein Stefan

PS.: Die gekündigte Lehre nehme ich dir heute noch immer ein wenig übel – ich wäre gerne als Geophysiker um die Welt gefahren. Aber auf der anderen Seite würde ich dann bestimmt nicht das tun, was ich heute so mache. Und das wäre wiederum auch ziemlich schade.

Im nächsten Kapitel möchte ich mit dir über die Dinge reden, die wir in unserem Alltag oft übersehen, weil sie uns so selbstverständlich erscheinen. Lass uns gemeinsam die Dinge genauer anschauen, mit denen wir vielleicht hadern oder von denen wir glauben, sie ändern zu müssen. Manchmal ist das auch sinnvoll. Oft aber erkennen wir den wahren Wert einer für uns völlig selbstverständlichen Sache – oder auch Begegnung – erst, wenn sie nicht mehr Teil unseres Lebens ist. Doch dann ist es oft zu spät für eine Wiederholung. Lies daher bitte gleich heute noch ein wenig weiter. Noch ein kleines Stück vielleicht. Das wäre schön. Denn es wird darum gehen, was wirklich wichtig ist in deinem Leben.

***»Ich trauere nicht um die Jahre, die vergangen sind.
Ich trauere um die Zeit, die ich so achtlos verstreichen ließ.«***

Der Weg der Veränderung: Was im Leben wichtig ist

»Ich will doch nicht immer
nur alles tragen
Ich will wieder fliegen
Will lieben und leben
Und nicht nur am Abend
in den zwei Minuten
Bloß reden vom Glück«
(aus »Morgen dann wirklich«)

Ich möchte dir zu Beginn dieses Kapitels eine kleine Geschichte von zwei Menschen erzählen, die etwas Neues in ihrem Leben ausprobieren wollen, weil sie mit dem, was sie haben, unzufrieden sind. Vielleicht hat sie sich so erst gestern ganz in deiner Nähe zugetragen. Sie heißt:

20 Uhr

Zwei Menschen sitzen in einer Kneipe. Der eine nahm an »Tisch 7« Platz, der andere an der Bar. Tisch 7 ist Typ Buchhalter. Etwas unsicher, lichtes Haar, der Mantel bleibt an, weil die Garderobe ja nicht sicher ist. Der Mann an der Bar ist der Rebell. Wacher Blick, einnehmendes Wesen – eine Jacke braucht er selbst im Winter nicht. So ein Art Nespresso-Clooney-Typ. Beide Anfang 40, die ersten grauen Haare an den Schläfen. Der eine trägt sie zu einem Zopf gebunden, der andere hat obenrum nicht mehr so viele, als dass da noch ein würdevolles Flechtwerk herauskommen könnte. Unser George bestellt eine Rum-Cola, Tisch 7 einen entkoffeinierten Kaffee mit einem Wasser ohne Sprudel. Alles ohne – wie immer, eigentlich. Es ist fast 20 Uhr, draußen ist es dunkel und der Tag war für die zwei nicht einfach. Der übliche Stress, das übliche Leben. Und jeder für sich beginnt heute Abend, über sein Leben zu sinnieren. Unser Buchhalter denkt daran, aus allem einmal auszubrechen, Job und Familie mal für einige Tage hinter sich zu lassen – etwas Neues wagen – ein richtiges Abenteuer eben – von denen er so wenig hat in seinem Leben. Die Rum-Cola sehnt sich dagegen nach einer Konstanz in seinem Leben, nach einer Richtung. Er will weg von den wellenartigen Hochs und Tiefs, will endlich Beständigkeit. Vielleicht Familie. Nein, bestimmt sogar. Kinder, ja, das wäre was. Und beide sitzen heute hier in dieser Bar. Beide wollen heute etwas anders machen.

Und beide haben sogar schon damit angefangen. Der Buchhalter ist sonst nie hier, schon gar nicht um 20 Uhr, denn da bringt er nämlich seine Kinder ins Bett. George ist eigentlich erst nach 23 Uhr auf einen Absacker hier – vorher nie, denn da ist er noch woanders unterwegs. Doch heute ist es anders. Auch die Getränkewünsche – immer dasselbe kann auf Dauer ja auch nicht schmecken, oder? Für die Verlängerung der Bedenkzeit bestellt unser Familienvater also eine gewagte Cola. Zwar ohne Rum, aber doch »die mit Zucker, ausnahmsweise«. Für den gezopften Rebellen gibt es einen Kaffee ohne Koffein. »Für die Gesundheit«, das hat er sich vorgenommen. »Wie früher«, überlegt nun der eine und kostet ein Stück seiner Vergangenheit. Der andere denkt dagegen: »So schmeckt das also« und kostet ein Stück Zukunft. Die ersten drei Schlucke sind gut, doch nachdem sie jeder ein halbes Glas geleert haben, stellen beide fest, dass ihnen nicht schmeckt, was sie nun trinken. »Zu süß«, sagt der eine, »zu fad«, der andere. Sie schieben die Gläser weg und bestellen doch wieder das Gewohnte. Und beide stellen nun verwundert fest: Es schmeckt jetzt viel besser. Und auch irgendwie wieder »anders«. Auf jeden Fall gut. Gut so, wie es ist.

Kleine Schritte

Vielleicht hast du dich ein wenig in den Helden der kleinen Geschichte wiedererkannt. Denn wie diese beiden in der Bar, fühlen sich viele Menschen mal mehr, mal weniger unzufrieden in ihrem Leben. Dabei liegen die wichtigen Dinge für uns so nah. Wir sehen sie jeden Tag, dürfen sie genießen und leben. Es sind die kleinen Details, die wahres Glück bedeuten – ein Lächeln der Tochter, das gemeinsame Frühstück am Sonntag, 20 Minuten Lesezeit heute Nachmittag, der Weg zur Arbeit mit dem Bus heute morgen, die Sonne, die dich wärmt und gerade für dich scheint. Doch statt Dankbarkeit und Zufriedenheit für diese Gaben zu empfinden, tragen wir oft eine rastlose Unruhe in uns. Wir schauen lieber auf das angeblich perfekte Leben anderer, oder träumen uns in eine Zukunft, in der wir »mehr« von dem (zum Beispiel Lesezeit) oder weniger von dem (zum Beispiel Stress am Arbeitsplatz) haben, statt dankbar und liebevoll auf das eigene Leben zu blicken. Wir bauen Brücken aus Luft in eine ungewisse Zukunft mit einem »Wenn« (»Wenn ich genug Geld verdient habe…«) und versprechen uns dort ein erfülltes Leben mit einem »Dann« (…dann habe ich endlich mehr Zeit für mich). Und so hadern viele Menschen mit ihrem Alltag, sind auf der stetigen Suche nach dem Sinn in ihrem Leben, vergleichen sich lieber mit anderen Menschen, als auf ihren ganz eigenen Weg mit Wohlwollen und Vertrauen zu blicken.

Meist hilft uns dann schon eine kleine Änderung der täglichen Gewohnheiten, um unseren Alltag in neuen Farben zu sehen. Denn kleine Dinge kannst du einfach mal machen, statt nur von den Großen zu träumen: Cola statt Kaffee, mal ausgehen trotz anderer Erwartungen an dich, Jeans statt Anzug, Bus statt Auto, um zur Arbeit zu gelangen. Es muss nicht immer der »Retreat im Oktober« oder »Yoga in Indien, wenn ich in Rente bin« sein, um eine Pause von seinen eigenen Routinen einzulegen. Wenn wir in unserem Alltag immer mal etwas Neues ausprobieren und kleine Highlights setzen, werden wir meist feststellen, dass das, was wir haben, doch eigentlich sehr schön ist. Und wir können fühlen, dass es sich lohnt, auf dem eigenen Weg zu bleiben, statt ständig auf das vermeintlich »Bessere«, »Leichtere« oder »Schönere« neben uns zu schielen.

Kleine Schritte gehen, geduldig sein.

Diese kleinen Dinge, die dein Leben zwar für sich genommen nicht von Grund auf umkrempeln, aber es eben doch anders machen als gestern, helfen dir, im Alltäglichen wieder das Besondere zu erkennen. Den Blick zu schärfen für die Details des Lebens heißt dabei auch, die wirklich wichtigen Dinge für dich sehen zu können. Neues wagen und in einem Moment mal etwas anderes tun als das »Normale« fühlt sich dann genauso an, als wenn du jahrelang auf eine bunte Frühlingswiese schaust, aber erst heute die Schönheit einzelner Tulpen und Krokusse erkennst. Diesen Blick wünsche ich dir, weil er so wichtig ist. Weil jede – auch deine – Wiese schon heute so detail- und facettenreich ist, dass sie jeden Moment des Betrachtens lohnt. Sieh genau hin. Nimm dir Zeit für dich und dein Leben.

Wenn du dafür ein wenig Unterstützung brauchst, möchte ich dich zu einer kleinen Übung einladen. Sie kann dir zeigen, wie wertvoll dein Hier und Jetzt ist, indem du dich in Gedanken von dir selbstverständlichen Dingen oder Routinen verabschiedest. Du wirst spüren, wie sich dein Leben ohne diese Sachen anfühlt. Das Beste an dieser Übung ist: Sie schafft, was dir das Leben nicht schenken kann. Sie schenkt dir eine Reise zurück in der Zeit. Denn oft erkennen wir erst in ihrem Verlust, wie wichtig uns eine Sache wirklich und wie wertvoll doch unser Alltag ist.

Übung: Die Wunder des Alltags sehen

Bereit? Also dann, los geht es:

Nimm dir einen Zettel und schreib dir mit einem Bleistift vier, fünf Dinge auf, die dir in deinem Alltag schon so lange selbstverständlich sind. Zu selbstverständlich. Weil sie einfach immer da sind – ein Teil deines Lebens, das du schon lange nicht mehr richtig genossen hast. Ein Leben, dass du ja zumindest ein wenig ändern möchtest. So kann zum Beispiel deine Liste aussehen:

- *Meine Katze*
- *Mein Lieblings-Kuscheltuch*
- *Mein Morgen-Kaffee*
- *Tulpen im Frühling*
- *Frische Äpfel vom Baum im September*
- *Schlitten fahren*
- *Schwimmen in der Ostsee*
- *Pommes mit Mayo*

(Deine Liste sieht natürlich anders aus)

Jetzt suche dir eine Sache davon aus. Vielleicht sogar eine, die du ändern möchtest. Deine Katze zum Beispiel – sie schränkt dich zu sehr ein, immer musst du dir jemanden suchen, der sie betreut, wenn du mal wegfahren möchtest.

Atme nun drei Mal tief ein und stell dir den schönsten Moment in deinem Leben vor mit dieser einen Sache, die du dir ausgesucht hast. Vielleicht damals, als du deine Katze das erste Mal in den Armen halten konntest. Überlege, wie deine Zukunft aussehen wird mit ihr. Denke positiv, denke in Sonnenstrahlen. Genieß die Zeit in deinen Gedanken, sie sind so wertvoll.

Und jetzt kommt es:

Nimm einen Radiergummi und radiere diese eine Sache weg. Zum Beispiel deine Katze. Sieh dir nun deine Liste noch einmal an:

Du schaust jetzt auf dein Blatt, sozusagen auf dein Leben ohne einen Teil deines Alltags.

Dieser Moment war und ist bei dieser Übung immer sehr, sehr schwer auszuhalten – zumindest geht es mir so.

Und auch wenn es dir jetzt weh tut: Bleib ein wenig hier in dem Verlust.

Atme dabei wieder drei Mal ein und aus. Frage dich dabei:

Wie fühlt sich das für mich an? Was und wie ist mein Leben, wenn mein Alltag nun anders aussieht – ohne meine Katze, ohne Sonnenstrahlen zum Genießen, ohne…

Fühle dich hinein – wie sieht deine Zukunft aus, fehlt dir etwas, bist du zufrieden so?

Gib dir eine Minute für diesen Abschied (länger wollen wir nicht hier bleiben…), dann zähle langsam von 5 auf 1 rückwärts und komm zurück in das Hier und Jetzt.

Deine dir wichtige Sachen, auch deine Katze, sind noch da. Sonnenstrahlen kitzeln dich im Gesicht und vielleicht musst du dabei seit langer Zeit mal wieder niesen, weil du zulässt, dass sie dich berühren.

Es ist alles noch da und so wie es war. Und doch anders.

Fühlt sich das gut an für dich?

Für mich ist das immer der erlösende Moment. Kein Verlust, kein Abschied. Ich bin beruhigt und kann mich wieder auf meinen Alltag freuen, weil er offenbar doch gar nicht so selbstverständlich ist, wie ich bis vor dieser Übung dachte. Weil ich erkannt habe, wie wertvoll mir seine Details doch sind.

Natürlich kannst du bei deiner Sache auch zu einem anderen Ergebnis kommen. Auch das ist dann eine wunderbare Entscheidungshilfe für dich.

Weißt du, was diese Simulation so besonders macht?

Dieses Experiment kehrt das Denken um. Wir erkennen damit:

Wir brauchen oft gar nicht noch mehr, weniger, irgendetwas neues oder anderes, um glücklich zu sein. Wir haben schon so viele Wunder in unserem Leben, die uns begleiten und für die wir dankbar sein können. Manchmal müssen wir sie nur wieder neu kennenlernen – wir müssen sie sehen, um sie auch fühlen zu können. Dafür kannst du diese Übung gut nutzen. Denn keines deiner Wunder ist selbstverständlich oder »einfach nur da«.

Die Psychologie nennt unser Gedankenexperiment ***»Mentale Subtraktion«***. Du kannst es immer wieder machen. Es gibt zahlreiche Studien, die beweisen, dass diese Methode dich dankbarer, positiver und glücklicher auf dein Leben schauen lässt. Und das Beste, und auch das ist wissenschaftlich erwiesen: Es gibt keinen Gewöhnungseffekt.

Wenn wir also mehr nach links oder rechts schauen, als auf uns selbst – sozusagen in uns herein – vernachlässigen wir uns und unser Leben. Genau das machen wir sehr oft und gerne. Denn der größte Kritiker unseres Lebens sind wir selbst.

Doch wenn wir erkennen möchten, was wirklich wichtig in unserem Leben ist, was uns begleiten darf, was zu uns gehört und was wir wie, wann und wo vielleicht noch einmal erreichen wollen, dann ist der erste Schritt dazu, sich selbst freundschaftlich und mit Wohlwollen zu betrachten.

Nur so werden wir bald auch fühlen, was wir schon wissen: Dass es uns gut geht – so wie wir sind. Oder wir sehen klar, dass wir vielleicht doch noch den einen oder anderen Perspektivwechsel in unserem Alltag brauchen – entweder, um neu zu lernen, dass alles gut so ist oder die Notwendigkeit der Veränderung zu sehen.

Und egal, was andere oder auch dein innerer Kritiker zu dir sagen:

Du musst gar nichts, es sei denn du willst es.

Trink Kaffee, wenn du magst, probiere mal das Fitnessstudio (und lass es danach wieder, wenn es dir nicht gefällt), geh mit deinen Freundinnen aus oder einfach mal Spazieren im Park. Mäh nur einmal im Monat den Rasen, weil du lieber was anderes machst. Das alles ist okay. Egal, was die Nachbarn denken. Tu, was dir guttut und was dir richtig erscheint und dein Leben erfüllt. Und probiere dabei auch gerne einmal etwas Neues. Nur so kannst du wirklich wissen, dass die Cola doch nicht so deins und dein Leben, so wie du es führst, doch ganz in Ordnung ist. Also: Cola oder Kaffee. Egal. Probiere! Koste vom Leben und halte nur fest, was dir davon schmeckt. Sieh dich und deine Wünsche und Bedürfnisse und du siehst die wichtigen Dinge deines Lebens.

Manifest für ein zufriedenes Leben

Hör auf dich zu vergleichen.
Weder mit anderen Menschen noch mit irgendeiner Idealvorstellung
von dir selbst.

Hör auf, dich selbst zu zerstören.
Mit Ansprüchen an dich selbst, für die du ein Denkmal gebaut hast,
das du dir täglich ansiehst.

Hör auf, dir dein Leben selbst zu zerreden.
Von diesen Zweifeln, die dir alle Kraft rauben und dir einflüstern,
du seist nicht genug oder würdest dies oder das nicht schaffen.

Fang heute an, dich selbst zu lieben.
Sieh dich selbst und auf dich selbst wertschätzend. »Ich bin okay. Mit allem,
was ich für mich, diese Welt und dieses Leben mitbringe.«

Tausche deine Zweifel gegen Vertrauen.
Das Leben meint es gut mit uns und wünscht sich dieses Wohlwollen
von uns auch ihm gegenüber.

Du wirst erleben, dass damit auch all die Dinge, die im Außen angeblich besser, grüner, goldener, wärmer, kälter – vor allem jedoch lauter sind – langsam wieder leiser werden. Das ist der Schlüssel zu einer tiefen Zufriedenheit in deinem Leben, dem Gefühl einer Erfüllung bei allem was und wie wir es tun.

Natürlich werden deine Zweifel weiter versuchen, mit dir und über dich zu reden, deinen Blick wieder nach außen zu lenken.

Ja.

Dafür sind sie auch da. Aber du hörst dir jetzt auch selbst zu. Du siehst dich selbst. Du fühlst dich selbst. Du weißt, was wichtig für dich und dein Leben ist. Und mit diesem Wissen kann dir dein Glück niemand nehmen.

Nicht einmal du selbst.

Mit den kleinen Dingen im Leben, mit diesen »Tippelschritten«, kommst du dir Stück für Stück selbst entgegen. Und auch, wenn wir manchmal einem dieser kleinen Schritte nicht trauen, ist doch jeder einzelne davon wichtig für deinen Weg. Denn wie der Ozean Geduld braucht, bis ein Regentropfen durch unzählige Bäche und Flüsse endlich in ihm angekommen ist und so seine Kraft und Größe mehrt, brauchen auch wir Vertrauen, Dankbarkeit und eben auch Zeit für viele kleine Schritte, die uns unserem Ziel näherbringen.

Große Schritte

»Nicht jede gute Veränderung fühlt sich zu Beginn auch gut an.«

Es gibt im Leben aber auch tiefe Brüche. Situationen, in denen die kleinen Schritte nicht ausreichen, um alles wieder gut werden zu lassen oder das Leben wieder in bunten Farben sehen zu können. Diese Ereignisse lassen uns erst einmal fassungslos und ohne Orientierung zurück: Der Tod eines lieben Menschen zum Beispiel. Die Erkenntnis, dass du jahrelang etwas studiert oder in einem Job gearbeitet hast, den du eigentlich gar nicht willst. Oder eine Naturkatastrophe, die uns alles nimmt. Das sind Veränderungen, die uns komplett neu auf die Suche nach dem Sinn in unserem Leben schicken. Weil das, was so lange für uns wichtig war, plötzlich nicht mehr da ist. Oft wollen wir dann auf unserem Weg umkehren und zurück in die Vergangenheit laufen, weil es uns so sehr schwerfällt, ohne unser bislang gelebtes Leben weiterzugehen. Doch das Leben kann – im Gegensatz zu unserer Übung – die Zeit nicht zurückdrehen.

Wir müssen entscheiden:

Erschaffen wir uns mit der Kraft aus dem Hier und Jetzt und unseren Erfahrungen aus der Vergangenheit eine neue Zukunft oder leben wir weiter in einem Gestern, dass es nicht mehr gibt?

Ich möchte, dass du weitergehst. Auch und gerade jetzt. Dafür habe ich dieses Buch geschrieben.

Dein Weg geht weiter. Und du mit ihm. Du wirst wieder die Sonne sehen können, wenn du zulässt, dass dich dein neues Leben berühren kann. Dass dich neue Menschen, neue Dinge begleiten dürfen und dir wichtig werden können.

Denn das Leben ist schön – nur manchmal eben nicht einfach. Der Moment des Zweifels tut weh, kann dich auch ins Chaos stürzen – ja –, aber letztlich ist auch er nur das, was viele andere schöne Augenblicke in deinem Leben auch sind: ein Moment.

Auch wenn wir schwer annehmen können, was weh tut: Diese Brüche gehören zum Leben. Sie sind wichtig für uns.

Wenn wir lernen, auch mit und in diesen großen, manchmal unwillkommenen Veränderungen die schönen Seiten des Lebens zu sehen, ändern wir auch unsere Erwartungen an unser Leben. Wir lassen sie los und tauschen sie in diesen schweren Momenten gegen Vertrauen, Dankbarkeit und Fülle in jedem Augenblick unseres Seins.

Nur so wird unser Leben erst einfach, später auch schön, bis es letztlich so ist, wie wir es uns wünschen: Einfach schön.

Lass uns daher lieber im Sturm des Lebens tanzen wie ein Blatt im Wind, statt in seiner gewaltigen Brandung wie ein Fels im Wasser Schicht um Schicht von uns selbst zu verlieren, bis nichts mehr von uns übrig ist.

Unser Leben entwickelt sich mit dem Leben, nicht gegen das Leben.

Riesenschritte

> ***»Die wesentlichen Dinge im Leben tun wir nicht, weil sie einfach, sondern weil sie uns wichtig sind.«***

Es gibt eine Macht, die schon lange in uns schläft, und die wir doch heute weder kennen noch fühlen können. Sie ist schon immer da, weil sie Teil von uns ist. Und sie ist fähig, wirklich alles zu verändern – aus uns heraus. Wir spüren sie manchmal in uns – wenn wir eine bestimmte Sache in die Hand nehmen (einen Stein zum Beispiel, oder einen Ast), wenn wir an einem gewissen Ort sind (zum Beispiel an der See das Meeresrauschen hören) oder einen Menschen auf der Straße sehen, der uns so bekannt vorkommt, als sei er schon immer Teil unseres Lebens. Dann beschleunigt sich unser Puls, uns wird abwechselnd warm und kalt – unser Körper reagiert, aber der Kopf weiß noch nicht, warum.

Nenn es Bestimmung oder Berufung – irgendwann wecken wir unser Schicksal auf. Und wenn wir erwachen, beginnen wir, Fragen an unser Leben zu stellen.

Mit diesen großen Veränderungen aus uns heraus ist es so wie mit einem Berg, der noch nicht weiß, dass er ein Vulkan ist.

Lange Jahre ist an seiner Oberfläche nichts zu sehen, obwohl schon lange in ihm heiße Magma aufsteigt. Manchmal gibt es auch schon die ein oder andere Explosion, der Berg schleudert Steine in die Höhe und lässt Rauch aufsteigen. Aber noch immer will der Berg Berg sein. Er spürt die Veränderung in sich, die er nicht aufhalten kann. Er weiß tief in seinem Gestein, dass diese Veränderung unvermeidlich ist. Und doch hält er fest. Er umschließt das heiße Gestein mit seiner schieren Masse, er versucht, seine wahre Bestimmung zu unterdrücken, weil es ihm gefällt, der Berg zu sein, der er schon seit Anbeginn der Zeit gewesen war. Doch irgendwann wird der Druck in ihm zu groß. Der Berg explodiert und setzt damit die Energie frei, die so lange in ihm eingeschlossen war. Oft ist diese Ur-Kraft verheerend: Ganze Landstriche werden sich mit ihm ändern und auf lange Zeit unbewohnbar, bis sich wieder erstes Grün auf dem noch immer heißen Gestein ansiedeln kann. Doch so brutal sie im Moment der Explosion auch ist – diese Veränderung wirkt gestaltend. Für ihn und seine Umwelt. Der Berg verändert sich – auch wenn er es nicht wollte. Er schleudert von sich, was er in seinem neuen Leben als Vulkan nicht mehr braucht. Alles, was tief in ihm eingeschlossen war, tritt nun an die Oberfläche. Und auch wenn die Eruption nur die Folge vieler kleiner Ereignisse, kleiner Tippelschritte im Leben des Vulkans war, kommt der Moment des Ausbruchs doch überraschend. Denn er glaubte bis zum Schluss, als kraftvoller, großer und alter Berg, dem Druck in seinem Inneren standhalten zu können. Doch die Zeit war stärker, denn nun ist er nicht mehr länger Berg. Er hat das Gestein, das ihn eingeengte, weggeschleudert, er gab letztlich doch dem Druck der Veränderung nach und erschuf mit der gewaltigen Energie, die schon immer in ihm wohnte, sein neues Leben. Ein Leben, das – so kraftvoll es jetzt auch aussieht – ebenfalls nicht ewig währen wird. Denn letztlich wird jeder Vulkan, wenn er seine Aufgabe des Erschaffens erfüllt hat und alle Energie in ihm verloschen ist, wieder zu einem Berg, der auf immer eine Narbe trägt, die von seinem Leben als Vulkan erzählt. Und selbst dieses Leben währt nicht ewig, denn Schicht um Schicht wird er nun abgetragen und über die Flüsse ins Meer transportiert, wo er sich an der Quelle des Lebens letztlich selbst zur Gänze wiederfindet und zusammen mit vielen anderen großen und kleinen abgetragenen Bergen seinen Teil des Lebensplanes begreift.

Was bei diesem Berg Jahrtausende dauerte, durchleben wir Menschen in wenigen Jahrzehnten. Manchmal brodelt es unter unserer Haut, wir spüren tief in uns, dass sich etwas in und mit uns verändert – die Prioritäten, die wir setzen, der Sinn, dem wir diesem Leben beimessen. Und wie der Berg wollen wir das oft nicht wahrhaben. Wir halten nun einmal lieber an Dingen fest, als Veränderung zuzulassen. Und so versuchen wir, in unserer Komfortzone zu bleiben. Doch wir spüren in uns, wie unsere Unzufriedenheit die Kraft der Veränderung, jeden Tag ein Stück wachsen lässt. Und wenn es uns nicht gelingt, den Schicksalsweg mit vielen kleinen Schritten zu gehen, wird irgendwann auch in uns der Druck zu groß und wir explodieren. Entweder werden wir von außen bedrängt, wenn unser Leben durch beispielsweise einen toxischen Partner oder Mobbing gleichsam zusammengepresst wird. Oder wir machen uns selbst Druck von innen heraus, indem wir unseren inneren Kritiker wachsen lassen, ohne dass wir uns dabei selbst erlauben, größer werden. Wir blicken zum Beispiel mehr auf andere als auf uns, vergleichen uns mit den Polaroid-Aufnahmen anderer Leben. Vor der Eruption haben wir dann meist keine Möglichkeit, einen kleinen Entlastungsschritt zu gehen.

Leben passiert einfach, indem wir leben.

Und manchmal knallt und qualmt es dabei eben auch.

Viele dieser Brüche sind aber auch einfach ein natürlicher Teil unserer Reise durch die Zeit.

Wir können sie nicht verhindern, ohne uns selbst aufzugeben.

Die Pubertät zum Beispiel, unser Leben nach dem ersten Kuss oder der Moment der Geburt unserer Kinder – das alles sind Verschiebungen in unseren Prioritäten, in denen sich alles ändert. Je älter wir werden, desto radikaler spüren wir diese Veränderungen und desto weniger sind wir bereit, Kompromisse zu Lasten unserer Entwicklung einzugehen. Denn wir wissen nun, dass unsere Zeit hier nicht verhandelbar ist.

Wenn wir also unser Leben genießen wollen, müssen wir lieber früher als später Veränderungen als Teil unseres Lebens annehmen.

Bisweilen lassen wir dabei auch Freundschaften hinter uns. Menschen, die uns bis vor kurzem noch sehr wichtig waren, werden zu unserer Vergangenheit oder warten nun vielleicht erst wieder in der Zukunft auf uns.

Immer, wenn bei solch einem Abschied etwas oder jemand aus unserem Leben geht, hinterlässt dieser Prozess eine Lücke in uns. Diese Leere kann schmerzen. Sie kann im positiven Sinne aber auch ein Platz sein, der mit neuen Dingen gefüllt werden will. Wir müssen nur bereit sein, sie entdecken zu wollen.

Wenn wir uns verändern, ist das also gar nicht schlimm. Es ist ein Teil des Lebens und notwendig für unsere Entwicklung. Nur so bleiben wir neugierig und können gelassener annehmen und akzeptieren, was uns und manchmal auch einfach nur mit uns passiert. Denn das Leben nimmt sich oft auch die Freiheit, selbst die Richtung der Veränderung vorzugeben. Für diese Prozesse sind wir nicht verantwortlich. Wir können dann nur mit ihnen und durch sie leben lernen. Manche dieser Prozesse sind so schmerzhaft für uns, dass wir uns für eine längere Zeit in uns selbst zurückziehen, weil wir uns so vor der Welt da draußen und ihren Veränderungen schützen wollen. Dann brauchen wir Hilfe, um sie verstehen und annehmen zu können – gute Freunde, Familie, manchmal sogar Therapeuten.

In den meisten Fällen jedoch können wir selbst bestimmen, wen oder was wir in unseren neuen Lebensabschnitt mitnehmen werden. Wir entscheiden das auf der Basis unseres Seins im Hier und Jetzt. Die Erfahrungen deines Lebens werden dir dabei ebenso helfen, wie dein Blick aus dem Heute in deine Zukunft. Doch beachte, dass sich dabei deine Erinnerungen an das Gestern und deine Erwartungen an das Morgen wie Licht an der Oberfläche eines Ozeans brechen. Sie können alle Farben des Regenbogens annehmen, ganz wie du dir deine Zukunft wünschst und wie du dein Leben in der Vergangenheit sehen möchtest. Mal hell, mal dunkel, mal bunt, mal einfarbig. Das heißt nicht, dass es so war oder sein wird. Das heißt nur, dass du genau diese Einschätzung für deine Entscheidung heranziehen möchtest. Diese Brechungsanomalie der Zeit führt dazu, dass du beide Richtungen verklären kannst, weil du nicht unterscheiden kannst, was davon Wunsch, was Wirklichkeit oder was Erwartung war oder ist.

Wir wissen das. Deswegen zögern wir bei diesen Entscheidungen, denn sie werden dein Leben und das anderer Menschen beeinflussen. Es ist gut, dass wir dafür diese Pause machen. Aber es ist genauso wichtig, dass wir uns entscheiden. Denn sonst bleiben wir im Ungewissen stehen, irgendwo zwischen einem Ja und einem Nein zu unserem Leben. Irgendwann wird dann das Leben für uns entscheiden. Das kann gut sein, es kann aber auch ziemlich schiefgehen. Und warum sollten wir uns die kleinen Stellschrauben, die wir hier haben, aus der Hand nehmen lassen?

Solange wir uns selbst eine Antwort auf die großen und kleinen Fragen des Lebens geben, solange wir neugierig sind und Veränderungen zulassen, sind wir dem Sinn unseres Lebens und den wirklich wichtigen Dingen, die es ausmachen, sehr nahe. Denn so sind wir bereit, weiterzugehen, egal in welche Richtung es für uns geht.

Unser Sein besteht aus der stetigen Wiederkehr von Suchen und Finden. Und aus dem Weg zwischen diesen beiden Polen, der zugegebenermaßen manchmal auch recht eintönig sein kann. Doch nur wenn wir all diese Möglichkeiten als Teil von uns wertschätzen können, gestalten wir unser Leben wesentlich. Eine wichtige Voraussetzung dafür ist es, dem Leben zu vertrauen. Und genau darum soll es nun im nächsten Kapitel gehen.

Wie wir lernen, dem Leben zu vertrauen

»Wenn es sich gut für dich anfühlt, darfst du darauf vertrauen, dass es auch gut ist.«

Vertraust du dem Leben? Dann blättere direkt weiter zum nächsten Kapitel. Ich freue mich für dich.

Hinterfragst du jedoch viele deiner kleinen oder großen Schritte aus dem vergangenen Kapitel, fühlst dich manchmal unsicher mit dir oder in deinem Körper und bist auf der Suche nach Wissen, nach einer, nach »der« sicheren, selbstbestimmten Zukunft, dann habe ich dieses Kapitel nur für dich geschrieben.

Lies also jetzt unbedingt weiter.

Denn Vertrauen ist der Anfang von allem. Wir werden in diese Welt geboren und dürfen uns darauf verlassen, dass uns unsere Eltern in Liebe empfangen. Dieses Ur-Vertrauen ist das Wichtigste, das wir in unserem Leben geschenkt bekommen. Es prägt unser ganzes Leben. Wir brauchen dieses Vertrauen. Denn unser Leben hält nicht nur die schönen Dinge für uns bereit. Wir werden im Laufe unserer Zeit hier auch Dinge sehen und erfahren, die wir uns gerne erspart hätten, wir lernen Menschen kennen, denen wir lieber nicht begegnet wären. Doch das können wir uns zu einem großen Teil nicht aussuchen.

Die Wahrheit ist: Es wird immer wieder Situationen geben, in denen wir uns in Frage stellen werden, weil wir nicht wissen, ob wirklich alles (wieder) gut wird. Momente, in denen wir mit uns oder einer Situation hadern, Momente, von denen wir uns wünschen, sie wären ganz schnell vorbei. Eine Prüfung zum Beispiel, egal ob nun in der Schule, Ausbildung, dem Sport oder der Musik. Oder gar die Momente, die wir am liebsten gar nicht erleben wollen: Eine schwere Krankheit, der Tod eines geliebten Menschen, existenzielle Sorgen, eine zerbrochene Freundschaft.

Dann werden wir zweifeln, dann suchen wir tief in uns nach Vertrauen in dieses Leben, das uns gerade so weh tut. Wir fühlen uns enttäuscht, vielleicht sogar »verraten« – doch vor allem wissen wir, dass wir »das alles« so nicht »verdient haben«. Manchmal verschieben wir dann unsere Realität in ein paralleles Universum, weil einfach nicht sein kann, was nicht sein darf.

Und doch passiert es – denn auch die schwierigen Momente gehören zu unserem Leben. Gerade in diesen fällt es uns schwer, dem Leben, unserer Kraft und uns selbst (weiter) zu vertrauen. Ich möchte dir zunächst sagen, dass das den meisten Menschen so geht. Mir auch. Wir zweifeln oft genau dann, wenn es am schwersten ist für uns, im Leben voranzukommen. Umgekehrt fällt es uns leicht, dem Leben zu vertrauen, wenn ohnehin gerade alles sehr gut für uns läuft.

»Wenn wir den Glauben an uns selbst verlieren, weil unser Vertrauen irgendwann »alle« ist, verlieren wir uns selbst.«

Deswegen möchte ich mit dir in diesem Kapitel der Frage nachgehen, wie wir angesichts der großen Herausforderungen im Leben immer wieder neu vertrauen können.

Die gute Nachricht ist:

Wir können nicht verlieren, was zu uns gehört.

Wir wissen aus unserer Geschichte heraus, dass wir uns und unserer Kraft vertrauen dürfen. Es ist nur so, dass wir das auf dem langen Weg durch unser Leben immer wieder vergessen. Es geht also gar nicht darum, Vertrauen neu zu erlernen oder etwas zu suchen, von dem wir glauben, es verloren zu haben.

Es geht darum, dass wir uns erinnern.

Das fällt uns schwer in den Momenten, die uns zweifeln lassen. Und wenn es zu viele davon gibt, sperrt der Kopf unser Vertrauen ins Leben in unseren Herzen ein und wirft den Schlüssel weg, denn es könnte ja gefährlich sein. Vielleicht sind wir vorher gekränkt worden, erfuhren Leid oder Schmerz. Doch Vertrauen ist eine Kraft, die immer da ist und uns weiterbewegt, auch wenn wir sie in den Momenten des Zweifelns nicht in uns fühlen können. Sie ist nicht einfach weg, nur weil wir sie weggeschlossen haben, nein, sie rennt gegen ihre Wände an, bis sie ihr goldenes Gefängnis sprengen und sich selbst befreien wird – auch gegen den Widerstand eines jeden Zweifels. Dieser Moment wird sehr schmerzhaft sein. Denn er bedeutet, dass wir den Zufall in unser Leben einlassen. Und mit ihm kann uns etwas in diesem Leben gegeben, aber auch wieder genommen werden, ohne dass wir es wollten oder darum baten. Doch auch, wenn uns das manchmal weh tun wird – einige Dinge müssen auch erst gehen –, Platz machen, sozusagen, damit an ihre Stelle etwas Neues treten kann, das wiederum ein wichtiger und neuer Teil deines Lebens werden darf.

Schau mal: Ohne dass ein Baum seine Blätter im Herbst abwirft, kann er keine Kraft für ein neues Erblühen im Frühjahr sammeln.

So tanzen wir alle mal mehr, mal weniger im Rhythmus des Lebens. Manchmal lassen wir dabei los und die Musik führt unsere Schritte. Dann haben wir genügend Vertrauen in uns, dass Richtung und Geschwindigkeit der Bewegung stimmen. Es geht uns gut und wir können auch andere Menschen für das Lied unseres Lebens begeistern, sie inspirieren und berühren. Manchmal aber stehen wir einfach nur am Rand der Tanzfläche, schauen dem bunten Treiben darauf zu und warten auf die »richtige« Musik. Und während wir warten, zieht ein ganzes Leben an uns vorüber. Dann meckern wir über die Musikauswahl, den DJ und die Getränke, die ja viel zu teuer sind, statt anzunehmen und zu genießen, was da ist. Wir warten und warten in dem Wunsch, alles kontrollieren und steuern zu wollen. Doch nur, wenn wir loslassen, haben wir unsere Hände wieder frei und genügend Kraft übrig, um neue Dinge zu be- oder zu ergreifen. Alles hat in diesem Leben seinen Sinn, seinen Platz und seine Zeit. Das Leben kennt kein sofort, direkt und unbedingt. Das Leben kennt und liebt vor allem den Zufall. Dies in Vertrauen anzunehmen, ist eine Lektion, an der wir oft scheitern, bevor wir sie zwar erlernt, aber noch nicht verstanden haben. Uns Menschen fiel es schon immer schwer, den Zufall zuzulassen. Deshalb ist auch unser Wunsch, mit Sicherheit in die Zukunft zu sehen, so alt wie die Menschheit selbst. So suchten wir Zeichen am Himmel, deuteten das Wetter oder versuchten uns in der Kunst des Wahrsagens. Doch Zukunft lässt sich nicht vorherbestimmen und schon gar nicht kaufen – weder mit einem »Ablassbrief« noch mit einem »Opfer«, das unsere Ahnen einst auf ihren Altären gerne im Tausch gegen eine günstige Vorhersage gebracht haben. Das Leben verfolgt mit uns seinen eigenen Plan. Wir wissen das und doch nutzen wir viele Rituale in unserem Alltag, die uns die Fragen an das Leben beantworten sollen. Vielleicht hast du ja auch schon einmal Blütenblätter gezählt oder einer Sternschnuppe einen geheimen Wunsch anvertraut. Ich erwische mich häufig selbst dabei, in irgendwelchen »Zeichen« eine Antwort zu suchen. So etwas wie: »Wenn es bis zur Haltestelle nicht regnet, schaffe ich den Bus noch.« Doch letztlich beantwortet nicht das Wetter unsere Frage, sondern der Fahrplan, das pünktliche Aufstehen und auch das Vertrauen in Bus und die Busfahrer, die wie jeden Tag auch an diesem ihren Job gut machen werden. Und auch, wenn dieses Beispiel zeigt, dass wir schon unseren eigenen Anteil daran haben, den Bus zu schaffen, bleibt eben doch ein Stück Zufall – ein Stück Vertrauen – in der Gleichung des Lebens als Variable übrig, ohne die ein pünktliches Ankommen oder Losfahren nicht möglich sein würde.

Und wer weiß: Vielleicht kommt gerade heute der Bus zwei Minuten zu früh, fährt einfach weiter, ohne dich mitzunehmen, hat dann aber zwei Haltestellen weiter einen schweren Unfall.

Wir wissen es nicht. Wir können und – das ist wichtig – müssen und sollten es bei vielen Dingen auch gar nicht wissen. Es tut gut, Dinge auch geschehen lassen zu können, gerade dann, wenn wir – du und ich – ohnehin keinen Einfluss darauf haben. Du trägst nicht die Verantwortung für alles, was sich in deinem Leben ereignet oder jeden, der in dein Leben tritt. Du kannst nicht alles kontrollieren.

Vertrauen in das Leben heißt zunächst also einmal: Akzeptanz. Es bedeutet für uns anzunehmen, dass wir bestimmte Dinge nicht ändern können. Nur, wenn wir den Zufall als Teil unseres Seins akzeptieren, vertrauen wir. Wir wenden unsere Kraft nicht mehr dafür auf, mit ihm zu hadern, sondern versuchen mit ihm – oder besser – auch mit ihm – unser Leben zu gestalten. Denn dieses Leben passiert oft einfach und fragt uns dabei auch nicht um Erlaubnis. Wir können nun einmal nicht wissen, wann genau der Kirschbaum blühen, ob die Kartoffelernte gut oder wann genau die Sonne heute scheinen wird. Wir können nur aus unserer Erfahrung heraus darauf vertrauen, dass die Kirsche blühen, es eine Ernte geben und uns die Sonne wärmen wird.

Dem Zufall Möglichkeiten schenken

Das soll jetzt keine Aufforderung sein, die Verantwortung für dein Leben wie einen Mantel einfach an der Garderobe abzugeben, nur weil du mehr Zufall in dein Leben lassen willst. Denn selbstverständlich haben wir viele Dinge, denen wir vertrauen, auch ein gutes Stück selbst in der Hand. Wir gießen die Kartoffelpflanzen, damit die Erdknollen groß werden. Wir stehen pünktlich auf, um unseren Bus zu bekommen. Wir haben eine Telefonnummer, wenn wir angerufen werden wollen. Wir gehen aus, wenn wir einen Partner oder eine Partnerin suchen.

Wir geben also dem Zufall die Möglichkeit zu wirken.

Und wir sorgen vor: Wir brauchen uns nicht darüber beklagen, im Regen nass zu werden, wenn wir den Schirm oder die passende Kleidung dafür zu Hause lassen.

Von uns selbst beeinflussbare Dinge liegen auch in unserer Verantwortung.

Das gilt sowohl für dein Leben als auch für deinen Beitrag im Leben anderer Menschen. Es bringt nichts, mitten in der Wüste auf Regen zu warten, während die Oase bereits in Sichtweite ist. Wer von einer wichtigen Prüfung steht, kann dem Leben helfen, indem er dafür auch lernt und sich engagiert. Wer kein Gluten verträgt, ernährt sich besser ohne. Wer seiner Mutter zugesagt hat, den Netflix-Account für sie einzurichten, sollte das auch tun. Und wer eine Operation am Knie hinter sich hat, dem helfen nach und nach Bewegung, Training und vor allem Geduld.

Was wir beitragen können, sollten wir auch beitragen.

Dieser eigenbestimmte Weg ist oft sehr lang und beschwerlich. Doch wir können ihn aus freien Stücken, mit ganzem Herzen und vor allem aus eigener Kraft heraus gehen. Denn diesen Teil der Gleichung entscheiden wir.

Das alles kostet uns Zeit, Kraft und Geduld. Manchmal auch sehr viel davon. Warten können auf den nächsten Bus, warten auf den nächsten Frühling, in dem Wissen, dass erst er wieder Sonnenschein und grüne Blätter in unser Leben bringt. Warten auf eine neue Liebe. Geduldig sein beim Buchschreiben. Neun Tage Ruhe bei einer Erkältung einhalten. Viele Menschen können das nur schwer aushalten. Denn unsere Gesellschaft ist von der Ungeduld dieser Zeit geprägt. Alles muss immer »gleich«, »besser« oder »sofort« sein. Ein »Warten«, ein »geduldig sein«, ein Stück Demut gegenüber dem Leben, das eben Zeit braucht, damit alles (wieder) gut werden kann, haben wir in dieser schnelllebigen Zeit oft verlernt. Zu schnell geben wir dann auf und verfolgen unsere Ziele nicht mehr und möchten die Verantwortung für unseren Teil an ihrer Erreichung doch lieber abgeben. Weil es in diesen Momenten leichter für uns ist, die Grenzen zwischen Zufall und unserer Verantwortung ein wenig zu Gunsten des Zufalls zu verschieben. Wir bleiben lieber da, wo wir sind, weil es da gerade bequemer für uns ist. Dort warten wir dann, dass das Leben oder »andere« etwas für uns lösen.

Doch so verlernen wir nur, der Neugier in unserem Herzen zu vertrauen, auch einmal über unsere Grenzen hinauszugehen, um nachzuschauen, wie es dort so ist. Wir verlernen das Weitermachen, das Dranbleiben, nur weil es mal ein wenig länger dauert, nur weil es mal etwas mehr Kraft kostet.

Doch genau das war es doch, was uns zu dem Menschen geformt hat, der wir heute sind: Die Beharrlichkeit, es immer wieder zu versuchen, auch einmal das Scheitern an einer Sache einkalkulierend. Das hat uns von klein auf stets weitergebracht. Jede Sache, die wir geschafft haben, eröffnete uns gleich zwei neue. Krabbeln lernen, aufrichten, laufen, rennen… Immer wieder führte eins zum anderen, auch wenn wir auf dem buchstäblichen Weg dorthin immer einmal hingefallen sind oder uns weh getan haben. Wir wissen also aus unserer Geschichte, dass das Leben manchmal etwas mehr Zeit braucht, um all die Dinge zum Leuchten zu bringen, die uns hier begegnen. Mit unserem Tun und unseren Entscheidungen können wir diese Zeitspanne möglichst kurzhalten. Doch vieles von dem, was wir uns wünschen, braucht dennoch eine große Portion Geduld. Denn manchmal brauchen wir die Extrarunde, noch etwas mehr Training, noch eine weitere Verabredung, ein Zusatzsemester – einfach ein Stück mehr Zeit, bis endlich klappt, was wir wollen.

Gib dir und deinem Leben also die Zeit, damit ihr euch beide gut entwickeln könnt.

Du fragst dich nun vielleicht, wo all diese Zeit herkommen soll, in einem Alltag, der komplett durchgetaktet ist. Denn nachdem die ersten 14 Stunden des Tages erledigt sind, bleiben dir gefühlt nur noch zwei Seiten in deinem Lieblingsbuch, bevor dir die Augen zufallen und du dich im Schlaf schon wieder auf einen neuen Tag vorbereitest. Wie also kannst du geduldig deinen Teil der Vertrauensgleichung beitragen, wenn du doch eigentlich gar keine Zeit dafür hast?

Ich entscheide mich für mich

»Wir sind wie eine Sandburg am Ostseestrand. Am Ende des Tages werden wir wieder zu Sand, Muscheln, Kieseln und Wasser. Aber mit diesem Tag entscheiden wir, was der Wind einst den Elementen über uns erzählen wird.«

Die Antwort ist wie so oft einfach, nur eben schwer umzusetzen. Denn es ist schlicht deine Entscheidung, ob du dir Zeit »nimmst« oder besser »gibst« für die Dinge, die dir wichtig sind. Es ist Entscheidung und Aufgabe zugleich, auch einmal alles andere auszublenden und nur für dich selbst da zu sein. Das schaffst du doch auch so oft für andere, warum also nicht für dich?

Doch den meisten Menschen fällt es schwer, sich für sich zu entscheiden, da dies oft mit einem »Nein« für andere verbunden ist. Und das mit dem »Nein sagen« ist eben schwierig: Wir wollen ja niemanden verletzen und eigentlich für andere da sein. So sind wir Menschen nun einmal. Was wir aber damit außer Acht lassen ist, dass wir damit »Nein« zu uns selbst sagen und uns so dann lieber selbst verletzen und weh tun.

Die Entscheidung für dich selbst ist also eine der ganz wichtigen Entscheidungen und zudem eine, die wir immer wieder treffen müssen. Deswegen möchte ich an dieser Stelle auch über das Entscheiden reden.

Meistens fällt uns das leicht – schließlich treffen wir bis zu 10.000 Entscheidungen mehr oder wenig unbewusst jeden Tag: Nehmen wir die kurze oder die lange Hose, essen wir heute lieber Müsli oder Toast, nutze ich den Bus oder das Fahrrad? Wir treffen sie intuitiv, aus unserem Herzen heraus und fragen dazu nicht erst in unserer Denkzentrale nach. Gerade diese kleinen Alltags-Entscheidungen zeigen dir aber sehr gut, wie wichtig es ist, überhaupt eine Entscheidung zu treffen. Ein Beispiel: Du brauchst dringend eine neue Jacke und kannst dich aber nicht zwischen den Farben rot und gelb entscheiden. Oder du willst ein neues Duschgel aus den gefühlt hunderten im Rossmann-Regal wählen, aber das Angebot ist schlicht zu groß. Du bist genervt und kaufst in beiden Fällen erstmal gar nichts. Du schiebst deine Entscheidung heraus. Keine Entscheidung heißt dann aber auch, kein Duschgel oder eben keine Jacke – was letztlich auch keine Lösung des Problems ist. Irgendwann werden wir also eine Entscheidung treffen müssen. Bei Alltags-Fragen funktioniert das mal mehr, mal weniger gut.

Doch es gibt Entscheidungen, bei denen wir erst Kopf und Herz in Einklang bringen müssen, bevor wir uns für oder gegen etwas oder auch jemanden entscheiden. Das sind dann diese großen Entscheidungen, die manchmal sogar lebensverändernd sein können. Wir brauchen für sie das mentale Okay, um uns mit ihnen auch gut zu fühlen. Und genau darum geht es ja, wenn wir uns für uns selbst – für mehr Zeit, für mehr Geduld und Muße für die eigenen Dinge – entscheiden wollen. Immer dann legt unser Kopf das Argument der Eigenverantwortung in die eine, das Gefühl, mehr für andere Menschen da zu sein in die andere Waagschale. Es dauert eine Weile, ehe wir das erdrückende zweite Gewicht von der Waage genommen haben. Denn wir wollen bei diesen wichtigen Dingen nicht nur fühlen, ob es richtig ist, was wir entscheiden: Wir wollen es wissen.

Wir wünschen uns Sicherheit.

Deshalb überlegen wir oft sehr lange, bevor wir eine bedeutende Entscheidung treffen. Wir liegen nachts schlaflos in unserem Bett, auf der Suche nach einem Wink des Schicksals, einem Anhaltspunkt, der uns die Entscheidung leichter macht. Wir grübeln, wälzen alle Argumente 10-, 20- oder auch 100-Mal hin und her, ohne dass wir auch nur ein Stück weiterkommen. Früher suchten die Menschen vor diesen Entscheidungen sogar nach einem Omen, fragten ihre heiligen Menschen um Rat, gingen in Askese oder beobachteten den Vogelflug. Alles, um die eine Entscheidung zu treffen, die für sie, ihre Familie, ihren Stamm lebensverändernd, vielleicht sogar überlebenswichtig sein konnte. Nun müssen wir heute für unseren Wintervorrat nicht mehr entscheiden, ob die Herde Mammuts im Norden oder im Süden zu finden ist. Doch deswegen sind unsere Entscheidungen nicht minder wichtig. Sie sind vielleicht sogar vielschichtiger und – an heutigen Gesellschaftsmaßstäben gemessen – auch genauso schwierig. Denn Entscheidungen, die Wesentliches in deinem Leben verändern, sind nie ohne Risiko. Es geht schließlich um die Ausgestaltung deines Lebens und deiner Zukunft. Und manchmal sind deine Entscheidungen auch für viele andere Menschen lebensverändernd, vielleicht sogar für die ganze Welt.

Forrest Gump hatte einst die Entscheidung getroffen, zu laufen. Allein, nur für sich. Und viele andere sind ihm gefolgt. Greta Thunberg hat sich mit einem Schild vor ihre Schule gesetzt und gestreikt. Ihr folgten Hunderttausende. Steve Jobs hatte die Vision eines ersten Smartphones und löste damit eine weltweite Technikrevolution aus.

Manchmal können wir gar nicht ermessen, welche Bedeutung unsere Entscheidung für den Lauf der Zeit hat. Doch Fakt ist, dass alles, wirklich alles mit einer Entscheidung beginnt, die wir ganz persönlich treffen: kein Fleisch mehr essen, einen Baum pflanzen, Obst und Gemüse möglichst regional, biologisch erzeugt und jahreszeitenbezogen kaufen.

Jede deiner Entscheidungen hat eine Konsequenz. Und manche davon werden dann vielleicht zu einer Bewegung, die unser aller Leben verändert.

Alles beginnt in Dir

»Ohne einen Anfang gibt es auch kein Ende.«

Die Grundlage solch essenzieller Entscheidungen sind oft deine Wünsche an das Leben, der eine Traum, den du dir verwirklichen willst. Sie sind schon immer Teil von dir. Sie sind da. Und tief in dir weißt du, dass du dich nur für dich entscheiden kannst, um sie auf die Welt zu bringen. Ganz einfach, um dich selbst zu verwirklichen.

Deine Entscheidung hast du also schon längst getroffen. Du schiebst nur den Anfang auf, wenn du ihr nicht folgst. Du verharrst in der Vergangenheit, obwohl die Zukunft schon an deinem Herzen angeklopft hat. In dieser Zeit beginnt dein Kopf mit deinem Herz zu streiten. Denn vieles, was Herz oder Bauch bereits losgelassen oder auch freudig begrüßt haben, kann der Kopf noch nicht nachvollziehen, weil er schlicht nicht so spontan ist. Für kopfbezogene Menschen ist es genau umgekehrt: Sie haben ihre mentale Entscheidung längst getroffen, können aber noch nicht losgehen, weil ihr Herz in der alten Welt verharren möchte – in der Komfortzone. In diesem inneren Konflikt können sich viele Menschen verlieren und aufreiben. Wir befinden uns dann in einer Art Schwebezustand zwischen einem Ja und einem Nein zu uns. Wir leben irgendwie und irgendwo dazwischen, fühlen uns orientierungslos und, je länger wir auf der Suche nach einer Antwort sind, oft auch ratlos. Je länger dieser Prozess anhält, desto schwieriger kommen wir dort wieder heraus und werden zunehmend entscheidungsmüde.

Du kannst dir das vorstellen wie bei einem Marathon. Während unser Herz schon längst entschieden hat, quasi losgelaufen ist, hört unser Kopf gerade erst den Startschuss und achtet peinlichst genau darauf, dass wir Schritt für Schritt unsere Kraft einteilen und auch wirklich in der richtigen Bahn bleiben. Idealerweise holt dann irgendwann doch der Kopf das Herz ein und läuft mit ihm Hand in Hand weiter. Dann können sich die beiden gegenseitig motivieren, jeder aus seiner ganz eigenen Sicht. Denn so bekommen wir neben dem Enthusiasmus eines Herzens und dem Gefühl, das Richtige zu tun, eben auch die mentale Bestätigung, dass das Richtige auch wirklich das Richtige ist. Wir brauchen diese Bestätigung, um den Willen aufzubringen, der den Schwung des guten Anfangs in die Energie umwandelt, die es für das Durchhalten auf dem gesamten Weg bis zum Ziel braucht.

Die Balance von mentaler und emotionaler Ebene ist also zentrale Voraussetzung für eine wichtige Entscheidung.

Um diese zu erreichen, möchte ich mit dir nun eine sehr effiziente, vor allem aber verblüffend einfache Übung teilen. Sie kann dir dabei helfen, Herz und Kopf in Einklang zu bringen. Sie heißt:

DAS MÜNZEXPERIMENT

Du brauchst dafür nur eine Münze deiner Wahl. Egal welche, Hauptsache, sie hat »Kopf und Zahl«. Ordne nun deine Entscheidungsalternativen den beiden Seiten der Münze zu. Also zum Beispiel Kopf für »Ja zu…«, Zahl für »Nein zu…«.

Und nun wirf die Münze nach oben und schau dir an, was sie für dich entscheidet. Üblicherweise ist das Bild, das oben landet, dasjenige, für das man sich entscheidet. Doch ich möchte dich natürlich nicht bitten, deine Entscheidung einer Münze zu überlassen. Du wirst vielmehr die Erfahrung machen, dass deine an sich bereits unbewusst, also rein intuitiv mit dem Herzen getroffene Entscheidung, noch in der Flugphase der Münze Gestalt annimmt und so auch in deinem Kopf greifbar wird. Selbst wenn die Gedanken sich erst nach der Landung der Münze finden, wirst du sofort merken, ob du mit der Entscheidung, die die Münze »für dich getroffen hat«, glücklich bist – oder eben nicht. Du spürst es in deinem Herzen. In diesem Moment verbinden sich deine Gedanken und Gefühle miteinander und zeigen dir, wie du mit der Entscheidung der Münze umgehen sollst. Du kannst sie akzeptieren und bist glücklich damit oder du weißt im Moment der Entscheidung, dass der andere Weg besser für dich ist – und bist ebenso glücklich damit. Das funktioniert tatsächlich bei vielen Menschen und hat mich bei so einigen Entscheidungen, die ich getroffen habe, schon oft geleitet. Ich weiß, dieses Experiment klingt ein wenig verrückt, aber probiere es ruhig einmal aus. Vielleicht hilft es dir ja bei deiner Entscheidung.

Manchmal tragen wir unsere Träume aber auch bis an unser Lebensende unter unserem Herzen – ohne, dass wir eine Entscheidung für sie treffen. Vielleicht weil uns der Mut fehlt, den Anfang zu machen, meistens aber weil uns immer mehr Argumente dagegen als dafür einfallen, weil es immer schon ein »Aber« gab, gibt und geben wird.

Ich bin mir sicher, dass wir dieses »Aber« bedauern werden, dann, wenn wir keine Zeit mehr haben, selbst zu entscheiden.

Deswegen möchte ich dich ermutigen, den Anfang zu machen. Gib dir selbst ein Versprechen und triff die Entscheidung, mit der deine und damit diese Welt ein wenig bunter, reicher und lebenswerter wird.

Wer weiß, vielleicht ist sie der Start einer großen Geschichte, über die unsere Kinder in Büchern lesen werden. Und sie beginnt heute, mit einer Tasse Tee in der Hand, diesem Buch in Kopf und Herz und mit einem »Ja« zu deinem großen Traum.

»Wir müssen nicht die Welt verändern mit unserer Entscheidung. Es reicht, wenn wir verändern, was wir verändern wollen.«

Dieser Entscheidung heute werden noch viele kleine und große folgen. Denn eine Entscheidung zu treffen bedeutet, für die Konsequenzen aus dieser Verantwortung zu übernehmen und die Veränderung, die aus ihr resultiert zu nutzen und weiterzuführen.

Veränderung erzeugt in jedem System Spannungen und eine Energie, die wiederum neue Veränderung bedingt. Du kannst dir das vorstellen wie eine tektonische Platte, die sich, einmal in Bewegung versetzt, nicht mehr aufhalten lässt. Sie erschafft mit ihrer Kraft Vulkane, Erdbeben oder Gebirge. Veränderung formt unsere Welt und letztlich auch uns. Selbst Stillstand bedeutet dabei Veränderung. Denn die Erde wird weiter durch die Kraft der Elemente geprägt, wie auch die Zeit uns mit den Jahren zeichnet, selbst wenn wir uns entschlossen haben, da zu bleiben, wo wir sind.

Dennoch folgen noch immer viele Menschen ihren Träumen nicht. Sie haben Angst vor einer »falschen Entscheidung«. Sie fühlen und wissen, dass ihr Weg richtig ist. Aber sie gehen nicht los, weil ihnen noch das Wichtigste für einen Anfang fehlt: das Vertrauen in sich selbst. Deshalb treffen sie lieber keine Entscheidung als eine vermeintlich falsche. Sie warten und treiben in ihrem Leben dahin. Im Laufe der Zeit werden sie dabei immer unzufriedener und müder, da sie den Konflikt zwischen mentaler und emotionaler Ebene nicht lösen können. Und so riskieren diese Menschen ihren Seelenfrieden, wenn sie sich selbst nicht vertrauen. Denn wenn das Herz sich nach dem sehnt, was dein Kopf verbietet (oder umgekehrt), wird es sie innerlich zerreißen, im Zweifel werden sie sogar krank und brauchen dann vielleicht sogar für ihre Entscheidungen Hilfe von außen. Wenn du das von dir kennst, hilft dir dieser Satz:

Es gibt keine falschen Entscheidungen.

Es gibt ganz sicher gute, vielleicht auch bessere, aber keine falschen. Denn wenn wir nicht entscheiden, tun dies andere für uns. Oder das Leben. Und wir stehen dann daneben und schauen nur zu, was mit uns geschieht.

Es ist doch so: Jede Entscheidung, die wir in einem Moment treffen, ist die für uns in genau diesem Moment richtige und die beste. Denn wir treffen sie auf Basis aller im Hier und Jetzt zugänglichen Argumente und der damit verbundenen.

Natürlich stellt es sich immer erst in der Zukunft heraus, wie gut diese Entscheidung gewesen ist. Doch selbst dann ist nicht erwiesen, dass dein Leben besser verlaufen wäre, wenn du damals anders entschieden hättest.

Außerdem leben wir beide im Hier und Jetzt und treffen in diesem Moment unsere beste Entscheidung. Und da wäre es uns selbst gegenüber doch ziemlich unfair, wenn wir uns später mit Erkenntnissen aus einer Zukunft bewerten, die uns zum Zeitpunkt unserer Entscheidung noch gar nicht zur Verfügung stand.

Es ist ein Privileg, selbst entscheiden zu können. Dein Entschluss wird jeden Streit zwischen Kopf und Herz beenden, da sie beide nun zusammenlaufen, statt in entgegengesetzte Richtungen zu streben. Und das Beste ist: Die Kraft, die du für die Entscheidungsfindung täglich aufgewendet hast, steht dir nun zur Verfügung, auf deinem Weg substanziell voranzukommen.

Damit gewinnen wir wieder mehr Gestaltungsfreiheit und ein wenig mehr Einfluss auf das, was die Zukunft für uns bereithält. So haben wir es aus der Kraft des Moments heraus ein gutes Stück selbst in der Hand, wohin uns unser Weg führen wird. Und aus jeder dieser Entscheidungen für uns selbst wird wieder neues Vertrauen in das Leben geboren.

Vertrauen bedeutet also neben der Akzeptanz der von uns unbeeinflussbaren Dinge, eigene Entscheidungen zu treffen und dem Leben Zeit zu geben, damit diese auch wirken können. Doch selbst mit all diesen wundervollen Werkzeugen erlangen wir keine Gewissheit. Wir können damit unsere Zukunft beeinflussen, aber nicht bestimmen. Im letzten Abschnitt dieses Kapitels möchte ich dir nun zeigen, warum aber gerade das Unberechenbare für unser Leben so wertvoll ist – auch, wenn wir es uns genau das oft anders wünschen würden.

Von der Berechnung des Unberechenbaren

Bei allem Streben nach Sicherheit liebt unser Leben das Unbekannte, den Zufall und die Überraschungen: Der unverhoffte Besuch deiner Kinder. Ein freundliches Wort in der Straßenbahn, eine ungefragte Gehaltserhöhung, dein Lächeln beim Probieren einer neuen Schokolade. Das erste Mal Pizza. Das Prickeln auf deiner Haut, wenn dich ein geliebter Mensch das erste Mal berührt.

Wir freuen uns am meisten über die schönen Zufälle des Lebens.

Wenn alles auf unserem Weg schon vorgezeichnet und sicher wäre, würden wir auf dieser Welt nur eine lange Liste abhaken. Tag für Tag, Häkchen für Häkchen würden wir unsere Zeit auf diesem Zettel »abarbeiten«. Und das wäre doch ziemlich langweilig, oder? Stell dir zum Beispiel einmal vor, wir hätten mit 14 Jahren schon genau gewusst, wann, wo, wie und in wen wir uns verlieben werden. Wären wir dann den vielen anderen Menschen bis zu diesem Zeitpunkt weiterhin offen begegnet?

Oder:

Wie würden wir unser Leben leben, wenn wir heute schon den Zeitpunkt unseres Todes kennen würden?

Ich bin ehrlich dankbar dafür, dass wir heute noch nicht wissen können, wir uns das Morgen bringt. Selbst wenn mich diese Akzeptanz des Zufalls die Sicherheit kostet, nach der ich mich in vielen Momenten ebenfalls sehne.

Ich bin froh, dass Leben sich genau deshalb auch wie Leben anfühlt.

Nur so können wir uns immer wieder selbst überraschen und auch überraschen lassen.

Meistens bekommen wir auf diese Weise ganz wundervolle Geschenke von unserem Leben. Natürlich gibt es auch einige, die wir gar nicht öffnen oder am liebsten gleich zurückgeben wollen. Sie sind der Grund, warum wir uns im Leben gerne an Halteseilen entlanghangeln und unter uns noch ein großes Netz aufspannen, damit wir uns nicht weh tun können. Doch wir können die Musik des Lebens nicht einfach ausstellen, wenn sie in Moll für uns spielt. Die

Wahrheit ist: Es gibt keine 100-prozentige Sicherheit im Leben. Sonst wären wir doch alle schon Lotto-Millionäre und würden sämtliche Krankheiten und Unfälle vermeiden können. Doch wir sind nun einmal verletzliche Wesen. Wir können nicht ändern, was uns vom Leben gegeben wird. Wir können nur entscheiden, welche Bedeutung wir diesen Dingen – gerade den für uns schwierigen – beimessen. Wir können annehmen, was wir erhalten und versuchen, das Geschenk im Geschenk zu entdecken. Oder wir verstecken den Karton in einer Ecke unseres Lebens und versuchen, ihn dort zu vergessen. Doch der Karton löst sich nicht in Luft auf, er ist und bleibt Teil von uns und wird uns in seiner Ecke, auch wenn wir ihn gar nicht beachten wollen, immer Platz in unserem Hier und Jetzt wegnehmen. Wenn wir all unseren Raum leben wollen, können wir also nur mit unseren Gedanken bestimmen, wie wir mit den Dingen umgehen, die uns das Leben schenkt. Auch mit denen, die wir gar nicht haben wollten. Um das zu schaffen, wird dir ein Blick in deine eigene Geschichte helfen.

Erinnere dich: »Damals« gab es doch immer wieder ein erstes Mal, eine Situation, die völlig neu für dich war oder eine Krise, in der du nicht wusstest, wie oder ob du sie bewältigen kannst – um sie nach langen Momenten des Zweifelns doch zu meistern. Vielleicht eine wichtige Prüfung, die du erst beim zweiten oder dritten Mal bestanden hast. Vielleicht der Tod eines lieben Menschen, an dem du beinahe zerbrochen wärst. Oder dein erster Partner, der dich damals verließ und du dachtest, du würdest dich nie wieder neu verlieben können.

Wenn du heute zurückblickst, weißt du aber: Ja, das war eine schwere Zeit. Ja, es tat weh. Ja, du warst unsicher. Aber du weißt auch, dass du all das geschafft hast. Es brauchte nur ein wenig Zeit. Aber du hast das geschafft.

Wenn wir so auf unser Leben schauen, sehen wir, dass es immer weiter ging. Irgendwie. Der Weg war vielleicht anders, ja, aber doch ging es weiter. Der Blick zurück auf dein Leben schenkt dir Kraft für deinen weiteren Weg und Vertrauen. Vertrauen in dein Leben, wie du es gelebt hast, Vertrauen aus den vielen Dingen heraus, die du schon geschafft hast und damit auch Vertrauen in die Dinge, die da noch kommen werden.

Mit diesem Wissen fällt es dir leichter, Neues zu wagen und Leben auch einmal nur geschehen zu lassen: Das erste Mal Riesenrad fahren. Eine neue Partnerschaft. Tauchen gehen. Der Start in die Selbstständigkeit.

Wir entscheiden selbst, wie wir uns in dieser unbekannten Zukunft sehen. Diese Entscheidung treffen wir heute, unmittelbar in jedem Moment unseres Lebens. Wir bestimmen, ob wir uns und unser Leben annehmen, uns auch einmal überraschen lassen wollen und aus unseren eigenen Entscheidungen heraus unseren Beitrag leisten, unser Leben zu gestalten – mit all der Geduld und Zeit, die dafür nötig und wichtig ist.

Und dieses kleine Stück Sicherheit kann für dich so sein wie eine Insel im unbekannten Meer des Lebens. Doch diese eine Insel reicht uns doch schon, um auf diesem Ozean in ihre Richtung Kurs setzen zu können. Und das ist doch ein guter Anfang, um auch deinem weiteren Weg vertrauen zu können, oder?

Vertrauen ist also nicht nur so eine Bauchsache, die wir haben oder auch nicht. Wir können selbst sehr viel dafür tun. Wir können mitbestimmen, was in unserem Leben passiert. Wir haben unsere Geschichte und Erfahrungen, auf die wir aufbauen können. Wir können entscheiden, was wir aus und mit den Geschenken unseres Lebens tun. Wir können offen sein für den Zufall und wir können uns mit Familie und Freunden Sicherheit auf unserem Weg geben. Und wir können dem Leben sagen, was wir gerne haben wollen. Denn wenn all die Menschen in unserem Leben von uns wissen, dass wir Nougat mögen, ist die Wahrscheinlichkeit sehr groß, dass wir immer mal wieder etwas von dem Naschwerk geschenkt bekommen.

Wenn du magst, lade ich dich nun noch zu einer spannenden Übung ein, mit der du mit der Kraft deiner Vergangenheit Vertrauen für deine Zukunft gewinnen kannst. Sie heißt:

Die Zerreißprobe

Nimm dir dazu zwei A4 Blätter.

Das eine zerreißt du direkt in zwei Teile.

Ich denke, das war einfach. So wie dieses Blatt fühlen wir uns auch oft: verletzlich. Wir glauben, dies oder jenes nicht schaffen zu können. Es erscheint uns unmöglich, uns fehlt das Vertrauen in uns und unsere Kraft. Wir glauben, dass uns diese neue Herausforderung zerreißen wird. Wie dieses Blatt Papier, dass du gerade ganz einfach geteilt hast.

Und nun nimm dir dein zweites Blatt. Denk zurück an die vielen Dinge in deinem Leben, die du schon geschafft hast. Denk an die großen Dinge, von denen du glaubtest, sie nicht schaffen zu können. Vergiss auch die viele kleinen Dinge nicht, die einst ebenso große Herausforderungen für dich waren. Du hast den Schlüsselbeinbruch in der dritten Klasse überstanden. Du hast schwimmen gelernt, obwohl du dachtest, das wäre unmöglich. Du bist darüber hinweggekommen, dass dein erster Freund mit dir Schluss gemacht hat. Du hast die 5 in Mathe weggesteckt. Dein Chef, der dich so genervt hat, arbeitet nicht mehr in deiner Firma. Du hast ein Kind geboren. Du hast deine Eltern gepflegt.

Es gibt so viele Dinge in deinem Leben, die du schon geschafft hast.

All diese Dinge haben dich nicht zerrissen. Sie haben dich beeinflusst, geprägt, vielleicht auch einmal geknickt und dich begleitet. Aber sie haben dich nicht zerrissen. Denn Du bist hier und lebst dein Leben.

Und nun bitte ich dich, für jede Sache, die du vom diesen viele »unmöglichen« Dingen schon geschafft hast, einmal dein Papier zu falten. Das Blatt wird mit jedem Falten kleiner werden. Und du wirst gleich merken, dass es auch widerstandsfähiger wird.

Falte es nur zehn Mal. Jedes Mal, wenn du es faltest, denk an eine Sache, die du geschafft hast. Du kannst sie sogar auf das Papierstück schreiben, das du nun faltest.

So, los geht's.

Und? Hast du mehr geschafft als fünf? Ich nicht. Ab fünf Wiederholungen wird es für mich schwer, das A4 Blatt noch einmal zu falten. Zehn Falze schaffen wohl nur Maschinen – und wir sind ja Menschen. Du merkst vielleicht, dass sich das gefaltete Papier auch nicht mehr einfach verbiegen lässt. Es ist gefestigt, kraftvoll und steht unter Spannung. Ihm liegt nun der Drang, sich zu entfalten, inne. Du siehst es, wenn der Druck von dir auf den Falz nachlässt.

Und nun probiere einmal, dein gefaltetes Papier zu zerreißen.

Es wird dir nicht gelingen.

Das Papier ist mit dem Falten zu stark geworden, als des es noch zerrissen werden könnte. Du kannst es auch anderen Menschen in die Hände geben und sie bitten, es zu zerreißen. So wie es ist, gefaltet natürlich. Auch sie werden scheitern.

Denn die Faltvorgänge haben dem Papier eine ungeahnte Stabilität verliehen. Genauso wie dir die Dinge Stabilität und Kraft schenken, die du bereits in deinem Leben geschafft hast.

Wenn du also gerade vor deiner nächsten Herausforderung stehst – vielleicht schon die 1000ste in deinem Leben – dann wisse, dass auch sie dich nicht zerreißen wird. Sie wird dich nicht einmal mehr verbiegen können. Denn du hast schon so viel geschafft in deinem Leben. Du hast dich so oft gefaltet und wieder entfaltet. Du hast Stabilität und Vertrauen gewonnen. Erinnere dich. Diese neue Herausforderung wird dich beeinflussen und dich wieder ein Stück weit begleiten. Aber sie wird dich nicht zerreißen.

Wenn du dein Papier anschaust, siehst du dich selbst. Du siehst, dass du auf deine Kraft und deine Stärke vertrauen kannst. Nichts und niemand wird dich noch verbiegen oder gar zerreißen können. Diese eine Sache, von der du gerade glaubst, sie sei unmöglich, wird dich wie die vielen davor auch, nur stärker machen.

Vielleicht wendest du jetzt ein, du kannst dich überhaupt nicht an fünf oder zehn eigene Herausforderungen erinnern, die dich geprägt haben. Dann habe ich noch diesen Tipp für dich: Geh in Gedanken bis in deine frühe Kindheit zurück. Du wirst dich vielleicht nicht mehr erinnern, wie du einst krabbeln gelernt hast. Aber du weißt, dass du es geschafft hast. Du wirst dir dabei ganz sicher mal den Kopf gestoßen oder den einen oder anderen blauen Fleck geholt haben. Aber du hast es geschafft. Du hast auch laufen gelernt, Fahrradfahren, das Einmaleins, du hast gelernt, dich auszudrücken mit Musik, in Schrift oder Bild. Du hast das Leben deiner Eltern, Geschwister und Großeltern berührt. Du bist das erste Mal allein in die Schule gegangen und das erste Mal allein Zug gefahren.

Das alles hast du schon geschafft. Es erscheint dir nur so klein im Vergleich zu dem, was heute vor dir steht. Aber damals war das Kleine doch genauso schwer wie das Große von heute…

Vertraue. Alles wird gut.

Leben wird aus Mut gemacht

»Wenn die Sehnsucht unsere Angst besiegt, wird der Mut zu leben geboren.«

Wir haben auf unserer gemeinsamen Reise in diesem Buch bereits viel über die Bedeutung des Moments für dein Leben erfahren, haben überlegt, was für uns in diesem Leben wirklich wichtig ist. Wir waren auf der Suche nach dem Vertrauen ins Leben und sind uns bewusst geworden, dass unsere Zeit endlich ist. Wir sind zusammen schon sehr weit gekommen. Doch all das wird uns nicht weiterhelfen, wenn wir im Moment des Handelns nicht entschlossen sind, es auch zu tun. Was wir also für die entscheidenden Momente in unserem Leben brauchen, ist vor allem eins: Mut.

Und genau darum soll es jetzt in diesem Kapitel gehen. Denn wir alle kennen Momente, von denen wir im Nachhinein wissen, dass sie vielleicht unser Leben verändert hätten, wenn wir in ihnen den Mut gefunden hätten, unseren Traum zu leben, statt in unserer Komfortzone zu bleiben. Oder eine andere Antwort auf eine wichtige Frage zu geben. Oder nur noch ein kleines bisschen länger zu bleiben, bevor wir gegangen sind.

Die Bühne deines Lebens

Ich möchte dich gleich zu Beginn in einen dieser Momente mitnehmen, die wir alle so oder so ähnlich schon einmal erlebt haben.

Bereit?

Dann stell dir jetzt vor:

Heute ist dein Tag

Jetzt und heute darfst du sagen und zeigen, was dir wichtig ist. Jetzt und heute darfst du sagen und zeigen, was du in die Welt bringen möchtest. Jetzt und heute zählst nur du.

Du hast schon so lange darauf gewartet, du warst schon so oft von »den anderen« genervt, die sich in den Vordergrund gedrängt haben, die immer mehr »Ich« gezeigt haben als du.

Doch heute, heute und jetzt stehst du ganz vorne in der Reihe. Du bist dran.

Du bist der Mittelpunkt.

Du stehst auf der Bühne deines Lebens und alle, wirklich alle hören dir zu. Alle erwarten von dir, dass du ihr Leben berührst. Mit Worten, Taten – deiner Präsenz.

Es ist egal, ob wir in einem solchen Moment kurz davor sind, ein Gedicht vor der gesamten 3. Klasse vorzutragen, endlich die Liebe unseres Lebens in einer Bar anzusprechen oder vor dem Prüfungszimmer stehen, in dem wir das mündliche Mathe-Abi ablegen werden – in all diesen Momenten zählst nur du.

Wie fühlt sich diese Situation für dich an, in der du alles gewinnen aber vielleicht auch vieles verlieren kannst? Freust du dich über die Gelegenheit oder stehen dir die Schweißperlen auf der Stirn, weil du Angst hast, den letzten Schritt zu gehen?

Denn jetzt, da der Moment für gekommen ist – DER Moment – fehlt vielen Menschen der Mut, sich mit all ihrem Können, aber eben auch in ihrer ganzen Verletzlichkeit, zu zeigen. Sie stellen fest, dass sie doch lieber im Hintergrund bleiben.

Denn es ist gar nicht so einfach, im Rampenlicht zu stehen, so ganz allein die eigenen Wünsche, Ideen und Bedürfnisse zu formulieren. Schließlich wird so unser ganzes Ich sichtbar.

Dafür brauchen wir Mut, sehr viel Mut.

Mut, für uns selbst einzustehen. Mut, um zu sagen, dass nun wir an der Reihe sind – ob nun in der Eisdiele, in der sich früher die »Großen« vorgedrängelt haben, beim Vorspiel für ein Klavierkonzert, bei der Vorbereitung eines Wettkampfes, im Beruf und ja, auch in der Familie.

Es kostet dich Mut, »Ja« zu dir zu sagen – und damit vielleicht auch anderen Menschen ein »Nein« zu geben. Es kostet Mut, Prioritäten zu setzen – und diese auch mit Leben zu füllen.

Es gibt immer Menschen, die das scheinbar ganz spielerisch machen. Wenn diese einen Raum betreten, verschiebt sich alle Energie zu ihnen, einfach so, irgendwie ganz natürlich. Vielleicht kennst du das noch aus der Schule: Susi und Arne gehen ganz freiwillig nach vorne an die Tafel und rezitieren den »Zauberlehrling«: Die Klasse jubelt und der Lehrer auch. Der nächste oder die nächste ist dran und du sitzt geduckt in deiner Bank, den Blick starr aufs Fenster gerichtet und denkst nur: Hoffentlich geht der Gedichte-Kelch an dir vorüber… Und dass, obwohl du es kannst! Du hast das Gedicht geübt, deinen Freunden vorgetragen, du machst das sogar gerne und kannst mit deiner Sprache begeistern, lebst dich richtig hinein in diese Zeilen.

Aber bitte nicht »da vorne«…, vor so viel Publikum, nein. Allein, wenn du daran denkst, merkst du, wie dein Magen rebelliert.

Natürlich wünschst du dir die Aufmerksamkeit der anderen, den Beifall, die Begeisterung. Du weißt auch, dass du es schaffen wirst. Aber dir fehlt dieses letzte Quäntchen Mut, um den Schritt nach vorne zu wagen und dich selbst ins Licht zu stellen.

Weißt du: Den meisten Menschen geht es so. Denn ganz vorne zu stehen, heißt von anderen gesehen zu werden – mit all den Eigenschaften. Stärken, aber auch den vermeintlichen Schwächen. Dieser Schritt fällt eher introvertierten Menschen sehr schwer. Mir auch. Ich mag es ohnehin mehr, wenn Ideen, wenn die Inspirationen im Vordergrund stehen. Für mich fühlt es sich gut an, im Schatten zu bleiben. Schatten ist ein geschützter Raum für sich selbst. Vielleicht geht es dir ja auch so. Dann möchte ich dir sagen:

Du bist deshalb nicht mehr oder weniger mutig als andere. Denn anderen den Vortritt, und damit ihnen auch den möglichen Beifall, zu lassen, ist ebenso mutig, wie selbst ganz vorne zu stehen. Denk bitte daran:

»Im Schatten stehen heißt nicht, Schatten zu sein.«

Schau mal: Die stärkste Kraft des Universums ist schwarze Materie, kleine »Löcher« in der Galaxie, die so schwer sind, dass sie alles andere um sich herum verschlingen. Und doch sehen wir sie nicht. Wir sehen nur, dass sich andere Himmelskörper auf diese Mysterien zubewegen und folgern daraus, dass sich dort eines dieser kraftvollen Massezentren befinden muss. Kein Planet und keine Sonne hat mehr Kraft im Universum. Und doch können wir diese dunkle Materie nicht sehen.

Mut oder Kraft heißt also nicht, sich in den Vordergrund zu stellen oder gar zu drängeln. Manchmal stehen wir auch einfach dort, obwohl wir das nie wirklich wollten, einfach nur, weil uns die Geschichte an diese Stelle gespült hat. Weil das Leben es so bestimmt hat und dies, obwohl hier neben uns noch viele andere Menschen stehen müssten. Neil Armstrong zum Beispiel hätte nie den ersten Schritt eines Menschen auf dem Mond gehen können, wenn nicht die Raketenwissenschaftler Wernher von Braun und Arthur Rudolph nach eigener dunkler Vergangenheit den Mut gehabt hätten, für die NASA die Trägerrakete Saturn 5 zu konstruieren. Nur die gewaltige Start-Schubkraft von fast 34.000 Kilonewton, die so viel wie rund 135 Boeing 747-Urlaubsflieger zusammen aufbringen, hatte eine Apollo-Mission zu dem Erdtrabanten überhaupt erst ermöglicht. Von ihnen oder den zahllosen Menschen, die die Raumkapsel konstruiert und gebaut haben, lesen wir jedoch nichts in dieser Geschichte. Und doch hat jeder und jede einzelne von ihnen einen ganz eigenen Anteil an diesem Abenteuer. Viele mussten für dieses epochale Ereignis über die eigenen Grenzen hinausgehen, nur um diesem einen Menschen den ersten Schritt auf dem Mond zu ermöglichen. Viel Mut, viel Vertrauen, viel Rücksichtnahme und Teamgeist für einen einzigen Moment eines einzigen Menschen. Ein anderes Beispiel: Nahezu jeder kennt Steve Jobs, einer der großen Tech-Ikonen unserer Zeit. Doch eigentlich war es ein gewisser Steve Wozniak, der den »Apple I« gebaut hat, und der die innovative Triebkraft hinter den ersten Apple Produkten war. Wozniak blieb aber lieber im Schatten. Auf der großen Bühne fühlte er sich nicht wohl. Die überließ er lange Zeit Steve Jobs. Und dennoch brauchte es sein Wirken – seinen Schatten, wenn du so willst, um Apple bis heute hin zu einem der weltweit wertvollsten Konzerne zu entwickeln.

Mut entscheidet darüber, was du mit deinen Überzeugungen, deinen Zielen, deinen Ideen – deinem Leben – für dich und für die Menschen, die du liebst, erreichst. Und für diesen Prozess ist es ziemlich egal, an welcher Stelle wir nun wirken.

Hauptsache wir wirken.

Von vorne, hinten, oben, unten oder von der Seite. Völlig egal. Es geht darum, dass du mit dir im Reinen bist, wenn du ein neues Projekt beginnst. Still, laut oder leise. Egal. Für dich, andere Menschen, die Welt. Es geht darum, mutig zu sagen:

»Meine Zeit ist jetzt.«

Ob du dir das selbst sagst oder es mit großem Theater vor der Klasse, den Kollegen oder auf einem Marktplatz herausschreist: Es ist okay, wenn du okay mit dir bist. Wenn du in dir ruhst. Die Bühne des Lebens ist kein Podest, auf dem uns alle sehen müssen und auch kein Lautsprecher, mit dem uns alle hören sollen. Um zu wirken, brauchen wir nicht irgendwo oben oder vorne stehen.

Wir müssen für uns stehen.

Für unsere Überzeugungen, unsere Wünsche, Ziele und Ideen. Wenn wir an uns und unsere Kraft glauben, können wir die Welt verändern. Ganz egal, ob wir nun im Licht oder im Schatten wirken.

Und es ist schließlich erst der Schatten, der einem Werk die nötigen Konturen verleiht, die es von allen anderen unterscheidet.

Wir müssen nicht glänzen, um zu strahlen.

Wir müssen nicht blenden, um etwas anzuziehen.

Wir können aus dem Inneren heraus leuchten und dennoch genauso mutig sein wie der Mensch, der den ersten Schritt auf dem Mond getan hat.

Mut ist der Anfang

»Wenn wir auf unserem Weg an einer Brücke ankommen und im Nebel nicht sehen können, wie das andere Ufer aussieht, werden wir nur herausfinden, wie es dort drüben aussieht, wenn wir losgehen und es uns anschauen.«

Ich möchte dich in diesem Kapitel einladen, für dich selbst einzustehen. Mutig dir selbst zu erlauben, deine Ideale, Wünsche und Ideen in deinen, nicht in »den« Vordergrund zu rücken. Denn sie gehören zu dir. Und genau dort werden sie gemeinsam mit dir wachsen und die Welt verändern.

Alles beginnt mit Mut. Mut ist der erste Schritt, den du bereits im Kopf gehst, bevor deine Beine anfangen, sich zu bewegen. Mut ist der Anfang von allem. Und wenn du dich jetzt an dieser Stelle wie so viele von uns fragst, wie das so mit diesem Mut funktioniert, ob du es selbst schaffst, dich und deine Bedürfnisse zu sehen und in deinen Fokus zu rücken, oder du gar glaubst, den Mut auf deinem Weg irgendwo verloren zu haben, dann möchte ich dir sagen:

Ja. Du bist mutig.

Du siehst dich. Du hast sogar schon angefangen, etwas für dich zu tun. Du bist den ersten Schritt gegangen.

Woher ich das weiß? Nun, die Antwort ist einfach: Du hast schließlich dieses Buch gekauft. Oder aus der Bibliothek ausgeliehen, von einem Freund bekommen – egal. Du liest es. Es war mutig von dir, dieses Buch in dein Leben zu lassen, denn du konntest ja nicht wissen, was dich erwartet. Trotzdem hast du es getan (wofür ich dankbar bin). Vielleicht kanntest du schon den einen oder anderen Text von mir, vielleicht liest du meine Auszeit-Briefe oder dich hat einfach nur das Cover oder der Buchtitel angesprochen, weil das Thema für dich und dein Leben gerade wichtig ist. Doch du wusstest weder, ob dir dieses Buch gefallen, ob es dich inspirieren oder sogar helfen wird. Und doch hast du dich dafür entschieden, es zu lesen.

Und schon bist du den ersten Schritt gegangen. Denn mit diesem Buch hast du entschieden und gleichzeitig angefangen, etwas für dich zu tun – dir einen Wunsch zu erfüllen und dich selbst zu sehen.

Genau das ist Mut.

Wie es ab hier weitergeht, entscheiden nun deine Gewohnheiten. In diesem Fall: Nimmst du dir die Zeit, immer ein Stück weiterzulesen? Schaffst du dir ein wenig Raum für die ein oder andere Idee oder Übung aus meinem Buch?
Doch wie auch immer der weitere »Lese«-Weg verläuft: Diesen ersten Schritt kann dir niemand nehmen. Lass dir also von niemandem erzählen, schon gar nicht von dir selbst, du seist nicht mutig.

Auch ich brauchte Mut für dieses Buch. Denn zunächst war es nur ein weiteres weißes Blatt Papier auf meinem Schreibtisch. Und auch wenn ich alles hatte, um es zu füllen – ausreichend Platz, Zeit, Lust, Ideen, einen Stift, eine Tastatur – brauchte ich doch Mut für einen Anfang. Für den ersten Satz, den folgenden Absatz, das nächste Kapitel. Immer und immer wieder. Zugegeben: Schreiben ist nicht lebenswichtig. Schreiben kann aber für Menschen wie mich das Leben sein. Für den nächsten ist es das Fahrradfahren. Oder morgens pünktlich aufstehen. Oder mit anderen Leuten reden.

Jeder Mensch hat diese Wünsche an sich selbst, für die er Mut braucht, auch wenn wir heute kaum noch Situationen kennen, in denen es »überlebenswichtig ist«, Mut zu zeigen. Die Jagd auf das Mammut wurde durch den gefahrlosen Wocheneinkauf im Supermarkt ersetzt. Reisen unternehmen wir bequem mit Navigationssystem samt Ankomm-Garantie. Viele Krankheiten haben ihren Schrecken verloren. Der Mut von damals war ein anderer als der von heute. Das heißt aber nicht, dass wir ihn nicht mehr brauchen oder er weniger wichtig wäre für uns.

Er ist nur anders.

Mut begleitet uns weiterhin durch unser Leben. Von unserem ersten Schritt bis zum letzten: Leben wird aus Mut gemacht. Immer wieder gibt es Herausforderungen, Momente, die wir noch nie in unserem Leben erlebt haben, vor denen wir Respekt haben und ja, die wir vielleicht auch fürchten. Es ist die Angst vor dem Unbekannten, dem Zufall aus unserem letzten Kapitel, die Mut von uns fordert. Immer wieder. Denk einmal an deinen ersten Freund oder deine erste Freundin zurück: Für viele von uns fühlt es sich superschwer an, den ersten Schritt auf einen fremden Menschen zuzugehen, in den wir noch dazu mindestens ein klein wenig verliebt sind. Das Kribbeln im Bauch, wenn wir uns überlegen, ob oder auch wie wir ihn ansprechen. Trau ich mich oder nicht? Und wenn ja: Wie? Das ist bei dir und mir vielleicht schon lange her, aber ich kann mich noch sehr genau an die schwitzigen Hände und das leichte Drehen im Kopf erinnern. Allein die Angst vor dem »abgewiesen werden« zu überwinden, kann sich so genauso anfühlen, wie einen 8000-er-Gipfel ohne Sauerstoffgerät zu erklettern. Und ohne Mut im Herzen kommen wir weder da hoch noch zu einer Telefonnummer. Ein anderes Beispiel: Viele von uns überlegen im Laufe ihres Lebens, sich selbstständig zu machen. Zu tun, was und wann wir es wollen und genau damit natürlich auch genug Geld zu verdienen, um ein finanziell sorgenfreies Leben zu führen. So zumindest die Wunschvorstellung. Doch egal, wie oft wir es uns ausmalen und davon träumen: Wenn die Chance gekommen ist und wir den ersten Schritt in ein neues und gleichzeitig den letzten in unserem alten Leben gehen könnten, fühlen wir uns selten bereit dazu. Wir spüren unsere Bedenken. Wir wissen, dass vor uns eine große Chance liegt – aber eben auch viel Risiko. Denn wir bekommen auch für diesen Traum keine Garantieurkunde von unserem Leben ausgestellt. Wir fragen uns also: Können wir jetzt, in diesem Moment unsere Sicherheit wirklich gegen Freiheit tauschen? Wir tun gut daran, uns diese Frage zu stellen. Mut kann schließlich auch weh tun. Wir kennen das aus unserer Geschichte. Denn wenn wir in unserem Leben Grenzen verschieben, entstehen dort Kanten und Brüche, an denen wir uns verletzen können. An ihnen können wir auch scheitern, denn nicht jeder neue Weg verläuft für uns nur gerade oder gar »perfekt«.

Wir brauchen daher viel Mut, unsere Komfortzone zu verlassen und das Neue in unser Leben zu lassen. Doch wir werden nur erfahren, ob sich die Ungewissheit eines neuen Weges für uns lohnt, wenn wir ihn gehen. Und wir können uns ja nach ein paar Schritten noch immer überlegen, ob es uns dort gefällt – oder ob wir nun lieber zurückgehen, um später noch einmal wiederzukommen.

Nur so entwickeln wir uns im Leben weiter. Mit dem nächsten Schritt, den wir bereit sind zu gehen. Für dich ganz persönlich. In der Beziehung zu dir oder deinem Partner. Im Beruf, Sport, deiner Gesundheit, deiner Spiritualität. Das kann kein anderer Mensch für dich tun. Das kannst nur du.

Bestimmt kennst du Momente aus deinem Leben, in denen du dir noch ein bisschen mehr Mut gewünscht hättest, um auch das letzte Stück gehen zu können. Damals war das vielleicht nicht so wichtig für dich. Doch heute weißt du, dass du dort, wo du einst warst, nie wieder stehen wirst. Heute weißt du, dass sich die Zeit weiterdreht und die darin eingeschlossenen Momente so kostbar, aber auch so flüchtig sind, wie Sauerstoff im Weltraum.

Wenn wir heute auf unser Leben zurückschauen, sind es oft diese »Hätte ich doch«- oder »Wenn ich damals doch nur noch ein Stück weitergegangen wäre«-Momente, an die wir uns erinnern. Es sind die Menschen, die wir damals hätten ansprechen können, um ihnen unsere Liebe gestehen. Es sind Momente mit allen Chancen, aber auch mit allen Risiken. Heute wissen wir: Nur Mut gibt uns die Antworten, nach denen wir suchen, auch wenn sie uns vielleicht weh tun. Ein mutiges Leben lässt uns zufrieden und versöhnt mit uns selbst zurückblicken, wenn die Zeit gekommen ist. Ein mutiges Leben reduziert die Konjunktive im Kopf.

Wenn Mut auf Zufall trifft – Komm ein Stück mit auf meinem Weg

»Fliegen lernst du am besten, indem dir jemand zeigt, wie wunderschön die Welt von oben aussieht.«

Manchmal braucht dein Mut auch ein wenig Zufall. Dann stupst dich das Leben in deine Zukunft hinein, auch wenn dir in dem entscheidenden Moment der Mut gefehlt hat, »Ja« zu deinem Weg zu sagen. Diese Augenblicke, die du damals vielleicht noch gar nicht so wichtig genommen hast, werden erst in der Rückschau essenziell für dich. Sie zeigen dir, dass du deinem Leben vertrauen kannst.

Ich möchte dir hier gerne von einer meiner Wegmarken erzählen, an denen mir das Leben geholfen hat, weil mir in diesem Moment das letzte Körnchen Mut fehlte.

An diesem schicksalhaften Tag haben mich meine Eltern das erste Mal zum Training gebracht. Sie haben beschlossen, dass ich Judo trainieren sollte, weil ich mich in der Schule zu viel rumschubsen ließ. »Das ist wichtig für dich«, sagten sie. Nun ja, ich sah das völlig anders, denn ich wollte meine freie Zeit lieber mit meinen Freunden auf dem Hinterhof eines Altbaus in Leipzig-Schleußig verbringen, als mir in irgendeiner stickigen Halle erklären lassen, wie ein »Großer Hüftwurf« funktioniert. Es war Sommer, ich in der ersten Klasse und mit meinen Eltern unterwegs mit der Buslinie 60 in die Alfred-Kästner-Straße der Leipziger Südvorstadt. Sie hatten schon alles organisiert und übergaben mich am Eingang den Trainern der Betriebssportgemeinschaft »Dynamo Süd, Sektion Judo«. Der Weg zur »Halle« führte mich zwei Stockwerke nach oben durch das ehemalige Gefängnis, denn die BSG Dynamo Süd war die »Betriebssportgruppe« der Polizei. Es ging durch zwei Schleusen – bewacht durch Beamte im grün-taubenblauen Look der Volkspolizei – heute undenkbar für die sportliche Betätigung von Kindern. Die »Halle« war im zweiten Stock und als ich oben ankam, atmete ich den Schweiß, aber auch die Aura der Sportler ein, die dort trainierten. Zwei Umkleiden mit ziemlich rauen Menschen rechts von mir, in der Halle zwei Mattenfelder, eiserne, hundeschwere Mattenwagen und die obligatorische Kraftecke mit Seilen und Gewichten sowie – na klar – jeder Menge lärmender Kinder und Jugendliche in lustigen weißen Anzügen und bunten Gürteln. Ein älterer Junge mit Udo-Lindenberg-Hut sprach mich an und wollte mich mit hineinnehmen, doch auch, wenn ich tatsächlich fasziniert war, fehlte mir doch das letzte Stückchen Mut für diesen Schritt und ich blieb lieber an der Tür stehen. Dort, in diesem Vorraum, neben dem blechernen Teekessel, aus dem wir später jahrelang gemeinsam mit einer Kelle ungesüßten Tee in unsere wiederverwendbaren Hartplastiktassen schöpfen sollten, vergaßen mich die Trainer dann auch. Als ich so an dieser Eingangstür stand, wusste ich trotz meiner sechs Jahre irgendwie und von irgendwoher, dass ich gleich eine Entscheidung für mein Leben treffen würde. Und, was soll ich sagen: Ich hatte Angst. Ich sah durch diese Tür Menschen, die sich gegenseitig durch die Luft warfen, wieder auf der Matte aufkamen und aufstanden, als wäre nichts gewesen. Ich sah Magie. Ich sah meine Zukunft und meinen Moment. Hier war diese Tür, durch die ich gehen könnte und die mein ganzes Leben beeinflussen würde. Ich sah hindurch und sah Menschen, die schon so weit gekommen waren, während ich hier ganz allein noch am Anfang stand. Ich sah nur, wie lang der Weg werden und nicht wie schön er sein würde. Ich war verdammt unsicher. Das alles weiß ich heute. Aber erklär das alles mal einem sechsjährigen Kind. Schwierig, vor allem, wenn sich das selbst erklären muss. Also hieß es damals für mich: Puuh, Durchatmen, Mutmoment. Rein oder raus. Mitmachen oder gehen, weißer Anzug oder Spielen im Hof.

Ich könnte Dir jetzt erzählen, dass ich mich schon damals mit Mut, Liebe und Weisheit für den Weg hinein entschieden habe. Das war aber nicht so. Ich wollte ehrlicherweise nur zu meinen Freunden in den schattigen Hinterhof der Brockhaus-Straße zurück. Wobei ich heute glaube, dass ich mich gar nicht bewusst für das Spielen entschieden habe, sondern vielmehr »gegen« das Unbekannte. Weil mir dieses letzte Stückchen Mut gefehlt hat.

Wie auch immer: Ich machte also auf dem Absatz meiner Turnschuhe kehrt und kam exakt ein Stockwerk weit nach unten, bis zur ersten »Sperre« (Danke, liebes Leben), bevor mir der Volkspolizist, der dort »Wache« schob, erklärte, dass ich bis Trainingsende »oben bleiben müsse«. Schließlich sei das ja ein Gefängnis und kein Ort für kleine Kinder, die auf eigene Faust die Welt erkunden wollen. Diesem Menschen bin ich noch heute dankbar. Denn er war derjenige, der mir eine zweite Chance gab. Er war das Stückchen Zufall, dass meinem Mut half. Mit diesem Stups des Schicksals war ich also wieder oben und stand noch einmal vor dem Eingang der Halle. Und da ich nun doch die nächsten zwei Stunden an diesem Ort verbringen würde, habe ich mir mein »Trainingszeug« angezogen, allen Mut in mir zusammengekratzt, den ich finden konnte und bin durch diese – durch meine – Tür gegangen.

Und bin geblieben.

Mittlerweile mehr als 40 Jahre lang. Denn ich habe ziemlich schnell festgestellt, dass es mir hier sehr gut gefällt. Wiederkehrende Rituale, menschliche Werte, die Freude am Training im weißen (heute auch mal blauen) Anzug und ein Stück weit auch der direkte Vergleich mit anderen in einem fairen, sportlichen Wettbewerb. Dieser Sport hat mir seitdem viele prägende Erlebnisse geschenkt und vor allem Menschen, die mich seit langem, teilweise sogar seit diesem ersten Tag an dieser Tür begleiten. Der Moment, der mir damals so großen Respekt eingeflößt hat, in dem ich zunächst nicht genug Mut in mir selbst fand, war der Startpunkt eines wundervollen neuen und heute so vertrauten Weges, auf dem ich selbst nach und nach wachsen konnte und meine besten Freunde kennengelernt habe. Doch ohne diesen ersten Schritt hinein, ohne die Summe aus Mut und Zufall, wäre ich wahrscheinlich neben dem Teekessel sitzen geblieben und hätte darauf gewartet, nach dem Training mit den anderen wieder runterzugehen, um meinen Eltern zu sagen, dass DAS keinesfalls etwas für mich wäre.

Aus den kleinen Jungs von damals sind Männer geworden, deren Weg noch nicht zu Ende ist. Lernen darf ich hinter dieser Türe noch heute. In letzter Zeit zum Beispiel immer öfter, dass nicht mehr alles so funktioniert wie früher und ich die Ansprüche an mich selbst doch besser an die Möglichkeiten meines Körpers anpasse. Ansonsten hat sich nicht viel geändert. Nur stehe ich heute selbst am Eingang, wenn die kleinen Kinder das erste Mal an der Türe einer Halle mit solch komischen Matten stehen. Mit großen Augen. Fasziniert von »den Großen« dort, die in ihren Anzügen scheinbar übermenschliche Übungen machen, andere Kinder durch die Luft werfen, die dann wieder auf der Matte aufkommen und aufstehen als sei das alles nicht mehr als ein kurzes Stolpern über die eigenen Füße. Ich sehe die Fragen in ihren Gesichtern, den inneren Kampf, die Neugier aber auch die Angst vor dem Neuen. Ich sehe die Suche nach Mut in ihren Herzen. Und dann, dann versuche ich das Stück Zufall in ihrem Leben zu sein. Ich frage sie, ob ich sie durch diese, vielleicht für sie rückblickend auch »ihre« Tür begleiten soll. Und dem ein oder anderen erzähle ich dabei eine Geschichte von einem Jungen, der vor vielen Jahren selbst einmal an einer solchen Tür gestanden hat, mit einem Teekessel rechts von ihm und vielen Fragezeichen auf der Stirn. Von einem Jungen, der sich so unsicher war, ob er wirklich hineingehen soll. Von einem Jungen, der neben dem eigenen Mut dafür noch einen kleinen Stupser vom Leben brauchte.

Rückblickend bin ich glücklich, doch noch ausreichend Mut in mir gefunden zu haben. Und ich bin dem Leben dankbar, dass es mich ein zweites Mal nach oben zu »meiner« Tür geschickt hat. Ich weiß seitdem, dass ein Raum voller mir unbekannter Menschen und neuer Dinge kein Grund ist, draußen stehenzubleiben oder gar wieder zu gehen. Neugier ist Leben und das Leben versteckt so viele schöne Dinge hinter seinen Türen. Das Leben jenseits dieser Türen ist anders. Erfüllter. Wichtiger. Mutiger. Wenn ich heute zum Training meinen Anzug anziehe, ist das für mich immer wieder ein Schritt durch diese Türe in meine ganz eigene Welt. Hinein in Fülle und Erinnerungen. Voller Sympathie, Demut, Schweiß, Taten, Respekt, Lachen, Weinen, Schmerz, Erfolg, Scheitern, Liebe, Wut, Stolz, Zusammenhalt und Freundschaft. Und all das begann vor so langer Zeit mit viel Mut und wenig Zufall.

Der Mut des Augenblicks – Die dunklen Türen

»Wenn wir etwas annehmen, heißt das nicht, das wir das auch lieben. Es bedeutet nur, dass wir beschließen, nicht mehr dagegen zu kämpfen.«

Rückblickend kennt sicher jeder Mensch eine dieser Schicksalstüren, die sein Leben verändert hat – oder vielleicht auch hätten. Denn wenn wir vor ihr stehen, können wir noch nicht erkennen, dass dahinter unsere Bestimmung auf uns wartet. In unserem Alltag ist oft kein Platz für irgendwelche Türen mit vielleicht noch mehr Alltag dahinter. Deswegen gehen wir gerne auch mal an ihnen vorbei und bleiben in unserer Komfortzone. Natürlich ist das auch eine Entscheidung. Falsch ist sie nicht (es gibt ja keine falschen Entscheidungen), sie ist nur anders, als wir sie uns vielleicht später wünschen werden. Auch wenn wir heute glauben, jederzeit zurückgehen und eine dieser unbeachteten Türe öffnen zu können, viele werden nun auf immer verschlossen bleiben, egal, wie sehr wir nun an ihnen klopfen oder rütteln. Eine verpasste Chance ist deshalb manchmal auf ewig eben genau das: eine verpasste Chance. Und während wir so atemlos an vielem vorbeigehen, was uns das Leben bietet, holen uns langsam, aber sicher die Konjunktive unseres Lebens ein.

Doch so sehr wir das einst bedauern werden: Genau das ist Leben. Genau diese Vergänglichkeit macht unsere Tage so einzigartig und kostbar. Wir können und wir dürfen nun einmal nicht alles wiederholen. Manchmal gibt es genau eine Gelegenheit auf unserem Weg, eine Begegnung mit einem Menschen, der für uns bestimmt ist oder eine Idee, die genau in diesem Moment geboren werden will.

Was können wir also tun? Ich glaube, das Wichtigste ist, sich Zeit für den eigenen Weg zu nehmen. Denn wenn wir etwas langsamer unterwegs sind, können wir die Blumen an seinem Rand viel besser sehen – und auch genießen. Schau hin. Sieh deine Wunder. Das ist unsere Aufgabe hier. Und wenn wir sie lösen, halten wir den Schlüssel für Zufriedenheit und Glück in unserem Leben im Hier und Jetzt in der Hand.

Du fragst dich jetzt vielleicht, was mit den Türen ist, die wir gar nicht öffnen wollen? Die wir sogar zusperren, vernageln oder einmauern würden, nur um nicht dahinter sehen zu müssen? Vielleicht weil wir fürchten, was uns dahinter erwartet oder wir sogar wissen, dass uns der Blick hinter diese Türe das Herz aus der Brust reißen wird? Der Verlust eines geliebten Menschen oder eine schwere Krankheit, mit der wir plötzlich und gnadenlos unsere eigene Endlichkeit begreifen, Abschied fühlen.

Bei diesen Türen wollen die meisten von uns lieber wegschauen, schnell weitergehen und vergessen. Doch auch sie gehören zum Leben. Und wenn wir nicht hinschauen, tauschen wir unser Leben gegen eine Illusion. Das kann für eine kurze Zeit okay sein, einfach weil wir Abstand brauchen von dem Schmerz, um überhaupt mit ihm klarkommen zu können. Doch je länger wir uns in dieser Illusion aufhalten, desto mehr verlieren wir uns darin und verstecken uns vor der Wahrheit.

»Selbsttäuschung ist kein Leben.«

Eines Tages werden wir ins Hier und Jetzt zurückkehren müssen. Und dann werden wir Schmerz fühlen, Traurigkeit und Ohnmacht. Die Wahrheit ist: Zu diesem Leben gehören auch Ereignisse, die wir weder beeinflussen noch zurückdrehen können. Kein Mensch kann über die Zeit siegen. Und wenn wir auf diese Momente in unserem Leben schauen, wenn wir versuchen, mit dem Unmöglichen zu leben, dann werden wir jedes Gramm Mut in uns brauchen, um annehmen zu können, dass auch das das Leben ist.

In diesem Annehmen liegt die Freiheit loszulassen und die Akzeptanz, dass wir zwar vieles beeinflussen, aber eben nicht bestimmen können. Hinter diesen dunklen Türen findest du Demut gegenüber dir und dem Leben. Egal wie sehr wir versuchen, vor uns selbst wegzulaufen, das Leben wird uns einholen. An diesem Tag werden wir dann so viel Mut brauchen, wie noch nie in unserem Leben.

Wer schon einmal einen lieben Menschen an die Zeit verloren hat, weiß, wie schwierig es ist, diesen ewigen Verlust als Teil des Lebens zu begreifen. An dieser Tür können wir uns nur verabschieden und ein Wiedersehen versprechen, auch wenn wir nicht wissen, ob wir dieses Versprechen jemals halten können. Ich weiß, wie dunkel es dort sein kann, denn auch ich stand schon einmal an diesem Portal des Abschieds, unerbittlich eingeladen vom Tod meines Großvaters. Ich möchte dir hier davon erzählen, um dir ein wenig Licht für einen der Momente zu schenken, in denen du vielleicht einst glauben wirst, dass kein Mut der Welt ausreichen mag, um die Sonne wieder in deinem Leben scheinen zu lassen.

Mein Mut-Moment damals fing tatsächlich mit einer Tür an: Dem Eingang zum Abschiedszimmer eines kleinen Krankenhauses in Merseburg, ganz in der Nähe von Leipzig. Ich wurde früh am Morgen von dort angerufen und nüchtern über den Tod meines Opas aufgeklärt. Ob ich mich denn noch verabschieden wolle, fragte mich damals die Stimme im Telefon. Allein mein »Ja« dazu kostete mich unendlich viel Mut. Die Fahrt ins Krankenhaus danach noch viel mehr. Doch der Moment, an dem ich vor diesem Zimmer stand, mein Herz offen und verletzlich schlagend und wehrlos all den gemeinsamen Erinnerungen ausgesetzt, forderte von mir jedes Gramm Mut, das ich in mir finden konnte. Ich war mutig und gleichzeitig allen Mut los, als ich eintrat in die Stille des Unvermeidbaren. Die Ruhe und das Alleinsein dort waren bedrückend. Es brannte eine leise Kerze und die Szene wirkte fast friedlich, auch wenn gerade jetzt alles in mir schrie, trommelte und gegen die Realität aufbegehrte. Da stand ich also, hängende Schultern, tränenüberströmt, kraft- und mutlos. Woher sollte ich nun noch die Kraft nehmen, der Wahrheit – dem Tod – ins Auge zu blicken? Die Kälte zu fühlen? Mir zitterten die Knie, mein Kopf war leer, der Mund trocken, so trat ich an sein letztes Bett. Ich erinnere mich noch genau. Sein Haar lag wirr um den Kopf, ich bewahre bis heute eine seiner silbergrauen Strähnen in einer dieser altmodischen Filmdosen auf. Er lächelte, so habe ich es jedenfalls in Erinnerung. Oder will es so im Kopf behalten. Dieser Schritt an sein Bett war entscheidend für mich, um friedvoll Abschied nehmen zu können und nicht unzufrieden und vielleicht sogar voller Vorwürfe an mich, ihn und die Welt die letzte gemeinsame Zeit in diesem Zimmer zu verbringen. Es war wichtig, dort ganz nah bei ihm zu sein. Ich kann nicht mehr erklären, wo ich den Mut für diesen letzten Schritt in mir fand – ich hatte doch gar keinen mehr.

Was ich in diesem Moment gelernt habe und was ich mit dir teilen möchte, ist, dass Mut nicht einfach weg ist, wenn man ihn einmal genutzt hat.

Mut bleibt. Mut wird sogar mehr, wenn du etwas geschafft hast, von dem du glaubtest, dass dies unmöglich sei.

»Mut wird mehr durch Mut. Mut wächst mit Mut.«

In den Momenten, in denen wir all unseren Mut einsetzen, finden wir auch das

Vertrauen in uns, dass es dort noch viel mehr davon gibt.
Dann spüren wir unseren Mut als eine sich stetig erneuernde Quelle, die uns mit dem Unvermeidlichen, der eigenen Endlichkeit, versöhnt. Der Mut, der von hier aus durch unsere Adern gepumpt wird, schenkt uns die Kraft weiterzugehen, gerade dann, wenn wir glauben, unser Weg sei zu schwer für uns.

All unsere Momente, die schönen, die traurigen und auch die tragischen, prägen so unser Leben. Die traurigen werden zu Narben auf unserer Seele, die jeder von uns trägt. In sich, für sich, mit sich. Still, aber wissend. Die schönen Momente dagegen lassen unser Leben in den buntesten Farben strahlen, sie füllen unsere Seele mit Wärme und Liebe. Beiden werden wir in unserer Zeit auf dieser Erde begegnen. Immer und immer wieder.

Und für jeden dieser Momente brauchen wir Mut.

Ich schrieb eingangs dieses Kapitels, dass alles mit Mut anfängt. Und genau so, wie wir das Leben mit einem mutigen Schrei betreten, brauchen wir auch Mut, um diese Welt wieder zu verlassen. Was mit Mut begann, endet auch wieder mit Mut. Und in der Zwischenzeit haben wir die wunderbare Möglichkeit, mit jedem unserer Schritte die Größe der Welt zu bestimmen, in der wir leben. Wir können dabei immer nur im Kreis laufen oder uns in unser Zentrum begeben. Das ist sicher, das kennen wir. Oder aber wir wagen mutig einen Schritt nach außen und sehen unsere Welt aus einer neuen Perspektive, entdecken uns neu, ohne dabei unser Zentrum aus dem Blick zu verlieren. Dieses Bild mag ich ganz gern, da es uns daran erinnert, dass wirklich alles nur eine Entscheidung von uns entfernt ist.

Erinnere dich: Einige deiner Momente haben mehr Licht, andere mehr Schatten. Beides formt dich und gibt deinem Leben so erst Konturen und Sichtbarkeit, Glanz und Strahlen. Ich wünsche Dir daher zum Abschluss dieses wichtigen Kapitels den Mut, deine schönen, aber auch deine traurigen Momente zu leben. Vielleicht hilft dir dabei diese Übung, die ich selbst gerne nutze und die dich sofort mutiger machen kann. Sie heißt:

Schick den Elefanten raus

Es ist doch so: Mut brauchen wir immer dann, wenn wir uns den Herausforderungen unseres Lebens stellen. Herausforderungen ist dabei das schönere Wort für Ängste. Und meist haben wir Angst vor dem Unbekannten, also vor dem Verlassen unserer Komfortzone. Denn dort könnten ja 1000 Dinge passieren, die uns unangenehm sind. Wir könnten uns weh tun. Wir könnten scheitern. Wir könnten vielleicht die großen Erwartungen anderer nicht erfüllen. Wir könnten uns selbst enttäuschen. Aus diesen vielen Konjunktiven bauen wir in unserem Kopf einen riesengroßen Elefanten, der nur wenig Platz für andere – positive – Gedanken lässt und noch dazu gerne auf diesen herumtrampelt. Wenn wir Mut üben wollen, müssen wir den Elefanten rausschicken. Denn wir brauchen Platz in unserem Kopf, um die Situation, das Projekt – unsere Herausforderung – lösen zu können. Doch von allein wird der Elefant nicht rausgehen wollen. Wir müssen dafür mehr tun, als ihn nur darum zu bitten. Wie machen wir das? Wir nehmen am besten unserer Herausforderung die Größe, den Schrecken, wenn du so willst. Das funktioniert sehr gut, wenn wir uns fragen, was denn schlimmstenfalls passieren kann, wenn wir jetzt mutig sind. Also: Wenn du jetzt in diesem Moment Mut brauchst für eine ganz bestimmte Sache, stell dir diese Frage: »Was kann schon passieren?« Was kann schon passieren, wenn du heute den Bus nimmst, statt das Auto, um zur Arbeit zu kommen? Was kann schon passieren, wenn du dem Blumenhändler ehrlich sagst, dass seine Ware vom gestrigen Kauf schon verblüht ist und du dich sehr darüber ärgerst? Was kann schon passieren, wenn du jetzt an die Tafel gehst und die 1. binomische Formel erklärst? Okay, vielleicht ist der Bus voll, du findest keinen Platz und wirst doof angequatscht. Vielleicht reagiert der Blumenmensch genervt und meckert vor sich hin. Vielleicht hast du vor der Klasse einen Blackout und du musst die Prüfung wiederholen. Na und? Von all dem geht deine Welt nicht unter. Das alles ist doch gar nicht schlimm. Wenn du jetzt mutig bist, kannst du dagegen so viel für dich gewinnen: Du fährst zum ersten Mal in deinem Leben mit dem Bus und bist nicht mehr auf das blöde Auto angewiesen. Du sagst dem Blumenhändler deine Meinung und bekommst vielleicht sogar einen Ersatzblumenstrauß mit. Du schaffst deine Prüfung und kannst die binomischen Formeln in deinem Kopf endlich abhaken. Du kannst so viel gewinnen, wenn du jetzt den Elefanten rausschickst! Mit dieser Gedankenübung erklärst du dir selbst sehr gut, warum es genau jetzt gut für dich ist, mutig zu sein. Und wenn wir etwas verstehen, wird das Teil unseres Lebens. In diesem Fall also der Mut. Und je öfter wir mutig sind, desto einfacher fällt uns das Üben dann in Zukunft. Zwei Tipps noch zu dieser Übung: 1. Manche Elefanten sind genau richtig in deinem Kopf und dürfen dort auch bleiben. Sinnfreie Mutproben, die zum Beispiel deine Gesundheit gefährden oder respektlos gegenüber anderen Menschen sind, braucht niemand. 2. Beantworte dir die »Was kann schon passieren«-Frage in deinem Tempo. Mut braucht – und hat – seine Zeit. Lass dich also von niemanden drängeln, wenn du vor einem persönlichen Abgrund stehst.

Bevor wir uns nun auf die weitere Reise durch das Leben begeben, möchte ich dir hier noch den Druck nehmen, dich mit dem hier erlangten Wissen zwanghaft immer für das Neue entscheiden zu wollen. Denn weißt du, den sicheren Pfad weiterzugehen, statt sich für die Freiheit einer möglichen Zukunft zu entscheiden, braucht ebenso viel Mut. Schließlich gestehen wir uns so ein, dass wir uns für einen neuen Weg (noch) nicht bereit fühlen, während wir doch eigentlich für die Wunder dieses Lebens offen sein wollen. Diesen inneren Konflikt mit einem Nein oder einem Warten zu beenden, kann ebenso mutig sein, wie das Neue zu entdecken.

Genauso wichtig, wie Mut zu haben, ist also, ihn auch klug einzusetzen.

Jeder Mut braucht sein eigenes Tempo.

Manchmal aber reicht auch aller Mut in uns nicht, um unseren Weg aus eigener Kraft fortzusetzen. Denn wir werden in diesem Leben manchmal auch hinfallen und uns dabei so weh tun, dass uns Kraft und Lust fehlen, um wieder aufzustehen. Manchmal müssen wir uns danach anseilen, um wieder Sicherheit in unserem Weg zu finden. Wir brauchen in dieser Zeit vielleicht auch ein Stück Begleitung, Zuspruch und Hilfe. Oder wir vergessen nach und nach, neue Dinge zu probieren, weil wir Angst vor dem erneuten Scheitern haben. Wir alle standen schon einmal an einem dieser Punkte, an dem uns auch der größte Mut in uns nicht mehr vorangetragen hat. Was in diesen Momenten für dich wichtig ist, möchte ich mit dir im nächsten Kapitel besprechen.

Oh, ich würde so gerne
Die Mauern einstürzen
Hier und jetzt wieder strahlen
Ich will nicht mehr nur langsam
im Gestern verglühn
(aus »Der Anfang«)

Die vier größten Hindernisse auf deinem Weg

»Es gibt diese Tage, an denen ich schon beim Aufstehen merke: Das wird heute nix mit mir. Dennoch stehe ich auf, gehe ins Bad, putze die Zähne und mache mir einen Kaffee. Denn wer weiß schon, was dieser Tag wirklich bringen wird.«

Wenn wir einst auf unser Leben zurückblicken, werden wir den Anfang nicht mehr sehen können. Denn unser Weg verlief in Kurven, kletterte über Berge und hat sich durch so manches Tal gezwängt. Manchmal gab es auch den ein oder anderen Stein, der uns den direkten Weg versperrte oder wir bekamen Hilfe auf unserem Weg, wurden vielleicht sogar ein ganzes Stück darauf getragen, damit wir wieder Richtung und Orientierung finden konnten.
Das alles führt bei den meisten von uns zu zwar verworrenen, aber eben genau deshalb interessanten Lebenswegen. Denn nichts wäre doch langweiliger, als wenn alles schon vorgezeichnet wäre und wir unsere eigene Geschichte nur Abschnitt für Abschnitt auf einem geraden Zeitstrahl abtragen würden.

An den Steinen auf unserem Weg fallen die großen Entscheidungen in unserem Leben. Hier bekommen wir die Aufgaben, die wir lösen müssen, um wirklich nachhaltig voranzukommen. Diese Herausforderungen begleiten uns dann über eine gewisse Zeitspanne und erinnern uns immer wieder an ihre Existenz, wenn wir auf unseren Weg zurückschauen. Manchmal können wir sie dann noch sehen – oft aber sollen wir sie sogar noch sehen. Denn auch, wenn wir eine Herausforderung überwunden haben, lassen wir sie – und sie uns – doch erst hinter der nächsten Kurve wirklich los. Erst wenn andere Ziele, Ideen oder Wünsche für uns wieder wichtiger sind, blicken wir auf unserem Weg nicht mehr zurück, sondern richten unsere Aufmerksamkeit nach vorn. Ein Beispiel: Wenn wir gerade Mama oder Papa werden – gerne auch Oma oder Opa – steht neues Leben in unserem Fokus und nicht mehr der nächste Karriereschritt. Oder wir freuen uns total, weil uns unser neuer Vermieter die Traumwohnung zusagt, die wir uns schon immer gewünscht haben. Dann liegt der Ärger über die falsch montierten Winterreifen einfach wie von Zauberhand hinter der letzten Kurve, weil er in diesem oder besser ab diesem Moment für uns einfach nicht mehr wichtig ist. Das heißt nicht, dass der Winterreifen-Ärger nun weg ist, das heißt nur, dass wir ihm weniger Beachtung schenken – unseren Fokus ändern. Denn wir schauen nun anders auf unser Leben als noch einen Tag zuvor.

Mit Herausforderungen wachsen wir. Manchmal reicht uns dafür ein Stein, oft aber legt uns das Leben immer wieder ähnliche Brocken in den Weg, bis wir gelernt haben, mit ihnen etwas für uns Nützliches zu bauen. Manchmal aber werden die Steine auch erst zu einem Geröllhaufen und schließlich zu einem schier unüberwindbaren Gebirge, wenn wir ihnen keine Beachtung schenken. Und dann stehen wir irgendwann vor dieser riesigen, hohen Wand und können weder über sie klettern noch uns an ihr vorbeiquetschen. Wir kommen nicht mehr voran. Wir haben das Gefühl, unser Leben stagniert. Wir treten immer schneller auf der Stelle und drohen dennoch im Sumpf unseres Alltags unterzugehen. Uns steht nur noch ein Weg offen: Der Weg zurück, um von dort aus mit etwas Anlauf und Schwung über oder manchmal auch durch die Wand zu gelangen. Doch meist tun wir uns dann nur noch mehr weh an ihr, denn egal wie sehr wir auch an ihr rütteln und sie mit purer Willenskraft versuchen einzureißen: Die Wand ist stärker als wir. Sie will unsere Aufmerksamkeit. Sie möchte, dass wir hinsehen. Und erst, wenn wir ausreichend Beulen und Abschürfungen gesammelt haben, schaffen wir es dann vielleicht doch noch, aus den nun überall herumliegenden Teilen eine Treppe zu bauen, die uns über die Mauer führen wird. Langsam – ja. Aber dafür sicher. Stück für Stück beginnen wir dann, den wahren Wert dieser Steine für uns zu erkennen. Und so ergeben sich plötzlich genau an diesen scheinbar aussichtslosen Stellen die interessantesten und wichtigsten Wendungen und Begegnungen in unserem Leben.

Deshalb möchte ich mir mit dir in diesem Kapitel die vier wichtigsten Steine anschauen, denen wir auf unserem Weg durchs Leben immer wieder begegnen. Denn ich möchte, dass du an ihnen wächst und nicht resignierst.

1. Die Komfortzone
2. Der Abstand zwischen Wunsch und Wirklichkeit
3. Die große Angst vor dem Scheitern

4. Der Glaube, alles in diesem Leben ganz allein schaffen zu müssen

Doch bevor wir zu den vieren kommen, möchte ich dich zu einem wichtigen Perspektivwechsel einladen, sozusagen dem Anfang von allem, wenn wir uns weiterentwickeln wollen. Denn bestimmt war auch in deinem Leben einer dieser Steine schon einmal so breit und schwer, dass du von dort aus ein Stück zurücklaufen musstest, um von dort mit neuem Schwung das Hindernis zu überwinden. Oder du hast »dort hinten« nach einem gänzlich anderen Weg gesucht. Wir versuchen dann mal das eine, mal das andere, um eine Lösung für die Mauer zu finden, die uns da vorne den Weg versperrt. Das ist völlig normal, denn unser Leben verläuft nun einmal nicht nur geradeaus und in eine Richtung.

»Mit zwei Schritten vorwärts und einem zurück kommen wir doch auch einen voran.«

Wenn wir zurücklaufen, entfernen wir uns aber scheinbar wieder von unserem eigentlichen Ziel. Wir wollen doch eigentlich »vorwärts« und nicht »rückwärts«. Denn dort waren wir ja schon einmal. Uns fehlt das Vertrauen, dass uns ein Stück Weg in die entgegengesetzte Richtung ebenfalls voranbringen kann. Deshalb mögen die meisten von uns dieses »zurück« nicht. Und so sind wir auf diesem vom Leben erzwungenen Weg zurück meist unzufrieden mit uns selbst. Wir machen uns Vorwürfe oder sind traurig darüber, dass wir dies oder jenes »nicht schaffen« würden, während wir zurücklaufen. Doch damit stellen wir uns, unsere Fähigkeiten und unseren Weg selbst in Frage, statt zu schauen, was uns auf diesem gerade aus anderer Perspektive begegnet, das uns helfen kann. Wir schmollen lieber, als die Situation anzunehmen und zu versuchen, das Beste daraus zu machen. Dieses Gefühl nehmen wir dann mit, wir packen es uns ganz freiwillig in unseren Rucksack und schleppen es mit uns herum. Damit machen wir uns selbst schwer – und zwar egal, wohin wir gerade laufen. Und je mehr wir von diesem Gefühl in unseren Rucksack packen, desto weniger Lust und Freude empfinden wir beim Tragen und Laufen. Irgendwann bleiben wir dann stehen, weil wir die Last der selbst auferlegten Schwere nicht mehr tragen können. Und meist bleiben wir dann auch dort. Mit all unserem Frust, der Trauer und Wut über die ungelöste Herausforderung auf unserem Weg. Wir sitzen da und sind unzufrieden, meckern über alles und jeden, selbst über diejenigen, die vorbeikommen und uns mit einer helfenden Hand ein Stück mitnehmen wollen und uns damit wieder in Bewegung bringen möchten. Doch wir sind gefangen in unserem eigenen Rucksack.

Du siehst: Es ist zunächst wichtig, dass wir einen anderen, einen besseren Umgang mit diesem »zurück« finden. Denn du wirst auf deinem Weg immer wieder mal ein Stück »zurückgehen« müssen. Ob wir das nun wollen oder nicht, das wird uns unser Leben in diesen Momenten nicht fragen. Ich möchte dich daher einladen, dich auf einem Weg zurück nicht mehr umzuschauen und auf das Hindernis, auf die Last in deinem Rücken zu blicken. Schau nach vorn, auch wenn das ja eigentlich deine Vergangenheit ist. Doch das Verblüffende für unseren Kopf ist:

Wenn du die Perspektive wechselst, wird aus dem alten »zurück« das neue »vorn«.

Das wird dir guttun. Schweres kann so leicht werden, Angst vor dem Unbekannten wird zur Sicherheit bekannter Wege. Wir kennen das, wenn wir einen Weg schon einige Male gelaufen sind – er kommt uns einfacher, kürzer und auch schneller vor. Einfach nur, weil wir ihn schon kennen. Wir wissen, wie wir uns vor einer Prüfung fühlen, wir können nach und nach besser mit Liebeskummer umgehen, und der Weg zurück vom Bus nach Hause ist uns irgendwann so bekannt, dass wir ihn im Schlaf laufen könnten. Das ist doch alles sehr wertvoll in und für dein Leben, meinst du nicht? Denn erinnere dich doch einmal an deine ersten Male: Allein zum Bus, allein in die Schule, allein in den Urlaub – schwierig! Prüfungsangst, oder die Angst, dass es nie mehr besser werden würde, wenn wir von unserem Partner oder der Partnerin verlassen wurden. Es tut immer mehr weh, wenn es uns das erste Mal passiert. Es ist immer schwieriger, wenn wir einen Weg neu finden müssen.

Das Zurück hat etwas Vertrautes.
Das Zurück gibt dir Sicherheit.
Das Zurück ist dein Fundament.

Und wenn wir unsere Blickrichtung ändern und zulassen, dass das, was schon hinter uns lag, nun wieder vorn ist, wenn wir also immer aus dem Hier und Jetzt auf unseren Weg blicken, dann ist jeder dieser vermeintlichen Schritte zurück doch wieder einer nach vorn.

Wisse also:

»Dort, wo du mit ganzem Herzen und in Vertrauen hingehst, ist immer deine Zukunft.«

Schritte zurück gehören also nicht nur zu dir wie eine lästige Pflicht, die wir erfüllen müssen, bevor wir uns wieder dem vermeintlichen Ziel zuwenden können. Nein. Sie selbst bringen dich Stück um Stück voran. Wie ein kleiner Umweg, den du fährst, wenn auf der Autobahn vor dir gar nichts mehr geht. Ein Weg, der dich auf der Landstraße erst ein Stück zu diesem wunderschönen See zurückführt, den du dir schon immer mal anschauen wolltest. Vielleicht musst du dort sogar in einem Hotel übernachten, weil es sich auf der Straße einfach weiterstaut. Und vielleicht lernst du in genau diesem Hotel ja die Liebe deines Lebens kennen.

Aus einem Weg zurück wird so ein Weg nach vorn.

Zu diesem kleinen, aber so wichtigen Perspektivwechsel möchte ich dich mit diesen Zeilen zunächst einladen, bevor du dich den Steinen widmest, die diesen erzwingen oder jetzt besser: ermöglichen.

Denn manchmal musst du einfach ein Stück zurückgehen, um dich selbst wiederzufinden. Und es ist wichtig, dass du diesen Weg dann als deinen Weg kennen und schätzen lernst. Als wichtigen Teil von dir.

Wenn wir uns also jetzt das erste Hindernis auf deinem Weg anschauen, denk bitte daran, dass mit einem Perspektivwechsel jeder dieser Steine damit nur ein Wegweiser für dich ist. Nicht mehr. Aber auch nicht weniger. Mit diesem Wissen möchte ich mit dir nun mit unserem ersten Stein, der Komfortzone, beginnen.

Ihre Behaglichkeit verführt uns immer wieder, lieber dort zu bleiben, wo wir schon sind. Doch wenn wir uns nicht bewegen, werden wir auch nicht vorankommen. Unsere Träume, Ziele und Wünsche sind dann für uns und die Welt verloren.

Sanfte Verführerin: Über die Komfortzone

»Jedes Niemals war einst ein Irgendwann.«

Wenn wir etwas erreichen wollen, wenn wir vorankommen möchten in unserem Leben, beginnt das immer mit Arbeit, Schweiß und manchmal auch Tränen. Persönliche Entwicklung kostet viel Kraft und Ausdauer, ist oft ziemlich anstrengend und tut auch mal weh. Denn wir verlassen dabei unser eigenes Haus, bauen es um oder reißen es manchmal sogar ein, um es danach gänzlich neu zu errichten. Gleich einer Schlange, die eine Haut ablegt, wenn sie ihr zu klein geworden ist, brauchen auch wir Raum, um zu wachsen.

Alle Kraft, aller Mut, den du dazu brauchst, liegt in dir. Wir wissen das, wir haben uns das in den vorangegangenen Kapiteln zusammen erarbeitet – und doch ist da unsere Bequemlichkeit, die uns verspricht, dass persönliche Weiterentwicklung genauso gut funktioniert, wenn wir warten, dass sie uns vom Leben geschenkt wird. So lesen wir das auch in vielen Büchern: Wir brauchen einfach nur fest (genug) an etwas glauben, dann wird sich schon alles in unserem Sinne entwickeln.

Warum also selbst etwas tun, wenn doch alles früher oder später ganz von allein zu uns kommt?

Weil dieser Gedanke so verführerisch ist, bleiben viele Menschen genau da, wo sie gerade sind. Sie versuchen, sich allein mit der Kraft ihrer Gedanken persönlichen Wohlstand, die perfekte Beziehung oder eben ein leichtes und erfülltes Leben herbeizuzaubern. Diese Menschen formulieren ihre Erwartungen an das Leben – und warten dann darauf, dass ebendieses den Rest erledigt. Dieses »Alles fließt mir von allein zu«-Konzept ist natürlich unfassbar charmant für uns, weil es dir und mir die Last der Verantwortung für die eigene Entwicklung abnimmt. Und wer möchte nicht gern ein wenig Gepäck abgeben auf diesem Weg, der oft schon ohne einen Rucksack beschwerlich genug ist?

Die Schwere eintauschen gegen Leichtigkeit.

Diese Idee ist so attraktiv, weil in ihrem Kern ein Stück Wahrheit schlummert. Wenn wir unsere Gedanken auf die guten Dinge in unserem Leben konzentrieren, werden diese schon allein dadurch größer für uns. Sie wachsen sozusagen durch die Aufmerksamkeit, die wir ihnen schenken. So weit so gut und so hilfreich. Aber die Kraft der Gedanken hat nun einmal ihre Grenzen, wenn es um die Umsetzung im Hier und Jetzt geht.

»Wir können zwar Wolkenschlösser bauen, aber irgendwann müssen wir auch unsere Sachen packen und dort einziehen.«

Die Wahrheit ist: Wenn wir nur fordern und warten, bekommen wir gar nichts. Wir werden einfach nur älter und unzufriedener. Wir kommen nur voran, wenn wir auch selbst etwas dafür tun und unsere Träume und Wünsche physisch in die Welt übertragen.

Neben den guten Gedanken brauchen wir also auch einen guten Anfang.

- Wir setzen ein Samenkorn in die Erde (und pflegen es auch ein wenig), damit Wochen später eine Blume blühen kann.
- Wir lernen für den Führerschein, damit wir später einmal Autofahren können und dürfen.
- Wir kaufen ein Lotto-Los, damit wir die Chance haben, etwas zu gewinnen.

Alles beginnt in und mit uns.

Schau mal: Die meisten Menschen wünschen sich einen Partner oder eine Partnerin fürs Leben. Einen Menschen, mit dem wir Nähe, Zuwendung und Liebe erleben können, einen, der unsere Werte teilt und uns wertschätzt. Es hilft ohne Zweifel, wenn wir uns unsere Zukunft mit diesem Menschen vorstellen, gerne in bunten Farben, lebendig und voller Freude. Aber wenn wir nur zu Hause sitzen und versuchen, uns diesen Menschen vorzustellen, verpassen wir jeden Tag 100 Gelegenheiten, an denen wir ebenjenen finden oder von ihm gefunden werden können. Und mit einem guten Anfang meine ich da nicht, dass wir damit beginnen, irgendwelche Dating-Portale mit unseren Daten zu füttern. Nein: Jeder Besuch im Café, jede Fahrt im Bus statt allein mit dem Auto, jeder Einkauf im Supermarkt schafft eine neue Gelegenheit für das Leben. Ein kurzes Gespräch, ein Blick in Augen, die uns gerne sehen, ein bisschen verschütteter Kaffee auf einer fremden Jacke. Ein Zufall eben. Und wer weiß, was aus dieser ersten flüchtigen Begegnung wird. Eines schafft sie in jedem Falle: Möglichkeiten.

Und darum geht es doch:

Erst, indem du Verantwortung für das übernimmst, das du selbst für dich tun kannst, gibst du dem Leben die Möglichkeit, aus Gedanken Wirklichkeit werden zu lassen.

Verantwortung zu übernehmen, bedeutet dabei auch, unbequeme Dinge zu tun. Immer wieder den inneren Schweinehund zu überwinden:

- Du willst dich besser bewegen können? Dann geh zum Training, auch wenn du vielleicht gerade keine Lust hast.
- Du willst ein schönes Konzert spielen? Dann probe dein Musikstück – im Zweifel wochenlang, jeden Tag.
- Du willst dich gesund ernähren? Dann koche eine Stunde lang langsam etwas richtig Leckeres, statt dir eine bequeme Zehn-Minuten-Tiefkühl-Pizza in den Ofen zu schieben.

Das können wir selbst machen. Das kannst Du selbst machen. Das ist dein Beitrag, es dem Zufall im Leben leichter zu machen.

Natürlich gibt uns das eigene Engagement noch keine Erfolgsgarantie auf das

Erreichen unserer Ziele. Dafür hat die Gleichung des Lebens einfach zu viele Unbekannte. Doch dein Beitrag erhöht in jedem Fall die Wahrscheinlichkeit, dass du sie in deinem Sinne lösen kannst.

Und warum sollten wir freiwillig auf das verzichten, was wir selbst beeinflussen können?

Die eigene Komfortzone zu verlassen und Verantwortung zu übernehmen mag dabei zunächst wie eine Last wirken, die du ein Stück deines Weges trägst. Aber wenn du sie nach dem Erreichen deines Ziels dann wieder abgeben kannst, wird dir die folgende Strecke plötzlich viel leichter vorkommen.

Das Schöne daran ist: Wir lernen ja durch solche Erfolgserlebnisse. Wenn du also vor deiner nächsten Herausforderung stehst, wirst du dich erinnern, dass und wie du die letzte geschafft hast. Dann wirst du schneller bereit sein, selbst etwas für dich zu tun, statt nur darauf zu warten, dass die Aufgabe »andere« oder »das Leben« für dich lösen. Und weil mir dieser Punkt so wichtig ist, habe ich eine kleine, ganz ungewöhnliche Übung für dich, die deine Initiative in Leichtigkeit wandelt. Leichtigkeit und Schwere kannst du in dieser Übung körperlich spüren. Sie heißt:

Ich mache mir meinen Weg leichter

Diese Übung hat gleich zwei positive Aspekte. Zum einen lernen wir mit ihr, Verantwortung zu übernehmen, indem wir auch für die vermeintlich selbstverständlichen Dinge etwas tun. Zum anderen schenkt sie uns den Optimismus, dass die Dinge in unserem Leben sich wieder leichter anfühlen werden, wenn die Schwere vorüber ist. Beides ist enorm wichtig, wenn du eine bestimmte Sache in deinem Leben erreichen möchtest. Ich habe diese Übung während einer Reha-Maßnahme nach einer Knie-Operation kennengelernt – als eine Kräftigungsübung für die Muskulatur. Insofern ist sie also eher Physiotherapie als eine Aufgabe, die gleich auf den ersten Blick deiner Persönlichkeitsentwicklung dienen könnte. Aber ich mag ja diese ungewöhnlichen Dinge. Wenn du Lust auf dieses Experiment hast und gesund und fit mit Füßen und Beinen bist, dann besorg dir eine Manschette (Oder füll einen Beutel mit Sand ab) mit etwa 0,5 bis 1 Kilogramm Gewicht. Bitte nicht mehr. Viel hilft nicht immer viel. Und nun befestige dir das Gewicht bequem rund um einen deiner Knöchel. Überprüfe den Sitz und versuche jetzt bewusst und gut, damit zu laufen. Du wirst feststellen, dass das gar nicht so einfach ist, da es sich schwer anfühlt für das Bein, das das Zusatzgewicht trägt. Nutze nun die Manschette in deinem Alltag bitte für etwa eine Stunde. Das reicht üblicherweise. Du wirst merken, dass die zusätzliche Last in dieser Zeit nach und nach kleiner wird, da du dich an sie gewöhnst. Irgendwann innerhalb dieser Stunde hast du das Zusatzgewicht dann ganz vergessen und läufst wie vorher auch. Allein das finde ich schon verblüffend, aber der eigentliche Effekt kommt noch:

Nimm die Manschette jetzt ab und lauf einen kleinen Weg ohne sie. Du wirst direkt spüren, dass dein Bein sich nun viel leichter anfühlt als vor dem Experiment, manche Menschen sagen sogar »schwerelos«.

Und nun: Genieße das Gefühl.

Der Effekt dauert nicht lange an, aber das muss er auch nicht. Es geht um das Erkennen der Leichtigkeit. Und das funktioniert mit dieser Übung sehr gut.

Du kannst die Übung gerne mit etwas Abstand wiederholen.

Wir haben gerade gelernt, wie wichtig es ist, die eigene Komfortzone zu verlassen, Verantwortung für uns selbst zu übernehmen und damit unserem Leben die Möglichkeit zu schenken, sich entfalten zu können. Nun wollen wir uns den zweiten großen Stein auf unserem Weg genauer anschauen: Unsere eigenen Wünsche und den Umgang mit ihnen. Das klingt auf den ersten Blick sehr ungewöhnlich, denn warum sollten gerade unsere Wünsche ein Hindernis auf unserem Weg sein. Schließlich geht es doch gerade in ihnen darum, dass wir uns unsere Zukunft ausmalen, vorstellen, manche sagen »manifestieren« können. Doch zunächst beginnt wie immer alles in uns.

Der Abstand zwischen Wunsch und Wirklichkeit

»Wenn deine Gedanken schon voll mit Zweifeln sind, fehlt ihnen der Platz zum Träumen.«

Wir Menschen haben die Tendenz, den schwierigen Dingen in unserem Leben mehr Bedeutung beizumessen als den kleinen Wundern, die wir täglich erleben dürfen. Wenn wir zum Beispiel in der Schule ein Kompliment für einen guten Aufsatz bekommen haben und am gleichen Tag maulte uns auf dem Schulhof irgendein Mensch wegen einer Nichtigkeit an, dann sehen wir mehr die verbale Entgleisung als das Lob. Die Psychologie erklärt das mit dem ***Negativitätseffekt***, nachdem uns – vereinfacht gesagt – negative Ereignisse stärker berühren als positive, selbst wenn die positiven gleich intensiv oder gar intensiver als die negativen sind. Eine Erklärung dafür liegt in der menschlichen Entwicklung: In unserer frühen Geschichte war es schlicht wichtiger für unser Überleben, beim Sammeln von Beeren dem hungrigen Säbelzahntiger auszuweichen als den perfekten Weg zu den schmackhaftesten Früchten im Kopf zu haben. Wir haben also als eine Art Überlebensstrategie gelernt, negative Ereignisse in unserem Kopf zu bevorzugen. Auch wenn der Einfluss der Negativitätsverzerrung auf unser Denken mit zunehmenden Alter zugunsten des Genießens und der persönlichen Zufriedenheit, die im Hier und Jetzt erreicht werden kann, ***nach und nach abnimmt***, ist sie doch der Grund, warum für viele Menschen bis weit in die Mitte unserer Jahre das Glas im Leben immer halb leer und nicht halb voll ist. Ich gehöre ebenfalls zu diesen Menschen und deshalb ist genau dieses Kapitel auch für mich ein ständiges Lernfeld.

Denn Wünsche versprechen uns stets das volle Glas, aus dem wir ja alle trinken möchten. Wünsche versprechen uns eine Lösung. Manchmal wünschen wir uns sogar etwas oder auch jemanden in unserem Leben so sehr, dass wir die Kraft dieses Wunsches körperlich spüren können. Das können kleine Wünsche sein, wie ein Eis nach dem Besuch am See, auf das sich die Kinder schon beim Verlassen des Freibads ganz hibbelig freuen, und von gar nichts anderem mehr reden können, bis sie eine Tüte mit »Schoko-Erdbeere« in der Hand halten.

Wenn diese Wünsche in Erfüllung gehen oder wir sie nach einer Zeit gehen lassen dürfen (weil zum Beispiel die Eisdiele geschlossen ist), können wir diesen Wunsch für uns gut abschließen.

Doch wenn Wünsche sehr lange unerfüllt bei uns bleiben, bleibt unser Herz weit offen für die Zufälle – und damit auch die Verletzungen des Lebens, die mit diesem Wunsch einhergehen können. Wenn wir uns also zum Beispiel seit Jahren nach diesem besagten einen Menschen sehnen, der uns durch das Leben begleiten soll, dann spüren wir zunächst nur einen kleinen Stich im Herzen, wenn wir das Paar am Nachbartisch im Eiscafé sehen, während wir dort seit Jahren allein unseren Cappuccino trinken. Diesen Abstand unseres Wunsches von der Wirklichkeit können wir ziemlich lange aushalten. Doch je länger wir ihn unerfüllt in uns tragen, desto belastender, desto schmerzhafter kann er für uns werden. Die einzelnen Nadelstiche werden zu einer Nähmaschine im Herzen, die permanent in uns rattert, Stich um Stich und irgendwann kaum mehr Pause macht. Wir können dann oft an nichts anderes mehr denken als diesen einen Wunsch.

Und das hat einen einfachen Grund:

Je länger dein Wunsch unerfüllt bleibt, desto größer wird er. Er ist ja nicht einfach weg, wenn er sich nicht erfüllt – nein. Er wächst weiter in dir, je mehr du an ihn denkst (erinnere dich – das klappt ja auch mit deinen guten Gedanken).

Fokussierung besitzt also sehr viel Kraft – es heißt ja deshalb auch »Vorstellungskraft«.

So weit, so gut, und auch gesund.

Je mehr du also in Gedanken bei einem unerfüllten »Was wäre, wenn« verweilst, desto mehr Raum nimmt dieser Wunsch in deinem Leben ein. Diesen Wünschen geben wir damit die Macht, unsere Emotionen zu bestimmen. Sie wachsen und wachsen bis sie unser Herz ganz ausfüllen und alles andere in uns verdrängen. Dann berühren sie die essenziellen Schichten unseres Lebens, gleich einem Eisberg, der auch nur einen kleinen Teil seiner selbst an der Oberfläche offenbart. Diese Wünsche verankern sich mit starken Wurzeln in uns und ziehen die Kraft aus unserem Leben im Hier und Jetzt, wenn sie zu lange unaufgelöst bleiben. Sie schaffen nach und nach eine Parallelwelt, in die wir uns flüchten, wenn es uns in der Realität mal nicht so gefällt. Doch wir Menschen brauchen Platz für neue Wünsche, neue Ziele und neue Ideen in unserem Leben.

Du kannst dir das so vorstellen wie ein Glas Wasser, in das du ein Gummibärchen reinwirfst. Das Gummibärchen wird größer und größer, während es das Wasser um sich selbst nach und nach aufsaugt und verdrängt. Das Wasser, der Freiraum um dich herum, wird weniger – das Gummibärchen bleibt. Und je größer es wird, desto weniger Wasser gibt es im Glas, desto weniger Platz hast du für andere Gedanken.

Je länger so ein großer Wunsch unaufgelöst bleibt, desto mehr kann er uns also weh tun. Seelisch und körperlich. Denn dieser Wunsch wird so zu einer tiefen Sehnsucht, die mit der Zeit sogar krank machen kann.

Also müssen wir uns einmal mehr entscheiden und vor allem ehrlich zu uns selbst sein: Entweder erfüllt sich ein Wunsch, ob nun durch Zufall oder mit ein wenig Hilfe von uns. Oder wir lassen ihn los, weil wir den Raum, den er einnimmt, für einen neuen brauchen.

Weißt Du, mit unseren Wünschen ist es wie mit uns selbst: Nur wer freigelassen wird, kann auch reifen, erwachsen werden, sich verwandeln und entfalten. Meist passiert das in wesentlichen Schritten immer genau dann, wenn wir losgelassen werden. Was bei uns funktioniert, klappt oft auch mit einem Wunsch. Erst wenn wir nicht mehr an ihm festhalten, kommt er ganz leicht zu uns. Das Loslassen erfordert viel Kraft, denn wir geben damit dem Zufall mehr Einfluss auf die Erfüllung unseres Wunsches. Doch der Zufall ist ohnehin schon Teil dieser Gleichung, um deren Lösung wir uns bemühen. Und wenn wir alle anderen Variablen bereits herausgekürzt haben, bleibt eben nur noch der Zufall als Lösung übrig. Ich habe als kleines Extra-Geschenk für dich zu diesem Thema mein Übungsblatt »Aus Wunsch wird Wirklichkeit« als PDF-Dokument zum

Herunterladen vorbereitet. Es wird dir noch einmal unsere Möglichkeiten, aber auch unsere Grenzen, bei der Wunscherfüllung zeigen. Du findest den Link dazu am Ende des Buches in den Verzeichnissen.

Wenn es uns jedoch nicht gelingt, uns einen dieser essenziellen, tiefgehenden Wünsche zu erfüllen oder ihn gehen zu lassen, versperrt er uns den Weg. Wir bauen aus ihm nach und nach ein Denkmal, vor dem wir gebannt wie ein Kaninchen vor der Schlange stehen, unfähig uns zu bewegen, weil der Wunsch unser Denken und Fühlen beherrscht – besitzt, könnte man auch sagen. Auf diese Weise entstehen Obsessionen.

Sind wir an dieser Stelle im Leben angelangt, wird uns die Auflösung des Wunsches sehr weh tun und viel Kraft kosten.

Denn wenn wir unseren Weg fortsetzen wollen, bleiben uns dann nur noch drei Möglichkeiten:

1. Wir erfüllen uns den Wunsch, ohne Rücksicht auf Verluste, indem wir das Denkmal vor uns mit dem Vorschlaghammer einreißen. Dabei werden Steine durch die Luft fliegen, mit denen wir uns und andere verletzen können. Denn in unserem Drang, die Sonne wieder vor uns sehen zu können, sind wir bereit, viel aus unserem Hier und Jetzt zu riskieren, zum Beispiel andere Wünsche, Menschen, wir vernachlässigen uns selbst. Im besten Falle reißen wir so eine Bresche in der Mauer und können weitergehen. Genauso häufig richten wir aber auch nur inneren und äußeren Schaden an, zerstören uns selbst und unser Umfeld in dieser Rücksichtlosigkeit. Meist sind wir deshalb, selbst wenn wir so die Mauer einreißen können, hinter ihr allein oder gleich mit einer neuen konfrontiert. Aus heutiger Sicht würde ich diesen »Koste es, was es wolle«-Weg nicht mehr gehen, denn er schadet mehr, als das er nützt. Und doch gehört er in die gelebte Praxis unserer Gesellschaft, die viel zu schnell Sätze wie »Du musst dich da jetzt mal durchsetzen« sagt. Ich bin diesen Weg auch schon einmal gegangen, weil ich anders nicht mehr weiterwusste. Oder besser: Ich ließ es so weit kommen, weil ich es damals nicht besser wusste. Daraus habe ich gelernt. Heute lasse ich rechtzeitig los, wenn ein Wunsch versucht, von mir Besitz zu ergreifen.

2. Wir gehen zurück. Eine sanftere Variante, aber eine, die sehr schwer ist. Denn wir müssen unsere Wunschmauer dort stehen lassen, wo sie ist. Und damit lassen wir in dieser bereits innerlich eskalierten Situation ein ganzes Leben, uns selbst, zurück. Das allein zu schaffen, ist sehr schwer. Ich nenne das: radikales Loslassen. Du schaffst das nur, indem du dein Denken umkehrst. Aus einem Vorn ein Hinten machen und aus dem Zurück ein Vorwärts. Die Blickrichtung brachial ändern und weitergehen, dich bewegen. Der erste Schritt ist dabei der schwerste. Oft brauchen wir dafür Hilfe. Doch die Bewegung wird dir guttun. Vielleicht nimmst du mit ihr einfach nur Anlauf für einen Sprung über die Mauer, vielleicht gehst du aber auch bis zur nächsten Wegkreuzung zurück und wählst einen anderen Pfad. Egal. Wenn du dich erst einmal wieder bewegst in deinem Leben, kannst du auch wieder selbst entscheiden.

3. Wir bauen eine Leiter. Oder anders: Wir holen uns Hilfe. Denn es gibt schon viele Menschen, die diese Mauer kennen – und auch die Wege, um sie zu überwinden. Wir können diese Menschen fragen, wie sie das gemacht haben in ihrem Leben. Wir können überlegen, wie uns ihre Erfahrungen in unserem Leben helfen können. Wir können sie sogar fragen, ob sie uns beim Überwinden unserer Mauer helfen können. Wir sind nicht allein, auch wenn wir uns oft genauso vor einem dieser großen Steinhaufen fühlen. Zusammen schaffen wir Menschen das unmöglich Geglaubte. Wir fliegen sogar ins All und erkunden die Ozeane in 10.000 Metern Tiefe. Weil wir zusammenhalten können.

Ich bin ein großer Freund der dritten Möglichkeit, auch wenn sie selbst einer der Steine ist, die wir uns in den Weg legen können. Denn wir müssen uns ja zum einen eingestehen, etwas nicht allein zu schaffen, und dann müssen wir auch noch andere Menschen um Hilfe bitten. Das ist nicht einfach, wie ich aus eigener Erfahrung weiß. Wie du das dennoch gut schaffen kannst, wollen wir uns nun anschauen.

Ich brauche Hilfe…

Die meisten Menschen glauben ja, so ziemlich alles in ihrem Leben allein schaffen zu müssen. Denn entweder können wir uns nicht oder nur schwer eingestehen, etwas nur mit Hilfe anderer schaffen zu können. Oder wir fürchten uns vor Ablehnung – dem »Nein« der Menschen, die wir um Hilfe bitten, das wir dann meist auf uns und nicht auf die Sache beziehen. Diesen Stein möchte ich dir nun aus dem Weg räumen. Und im Vergleich zum Umgang mit unseren Wünschen wird das ziemlich einfach werden, versprochen!

Lass uns beginnen mit einigen der Glaubenssätze, die uns hindern, auf andere Menschen zuzugehen:

- »Das muss ich doch allein schaffen«,
- »Damit will ich nun wirklich niemandem zur Last fallen«,
- »Das kann doch eigentlich jeder, warum ich nicht…«,
- »Ehe ich fünf Leute fragen muss, mache ich das lieber schnell allein…«
- »Nur ich kann das wirklich gut machen.«

Wenn du schon einmal mit einem dieser Sätze im Kopf dringend Hilfe benötigt hast, weißt du, wie schwer wir uns das Leben mit ihnen machen. Wir rasen lieber weiter im Selbstoptimierungswahn mit Höchstgeschwindigkeit durch unseren Alltag, statt anderen die einfache Frage zu stellen: »Kannst du mir bitte (dabei) helfen?«

Lieber meckern wir über das stressige Leben, über uns, die »das alles« doch gar nicht schaffen können und natürlich auch über »alle anderen«, die ja »sowieso nie helfen«. Diese Lebenseinstellung macht uns auf die Dauer zum einen einsam und ist zum anderen noch nicht einmal eine Lösung für die Dinge, die wir ja nur zusammen mit anderen erledigen können. Dennoch fragen wir andere Menschen zumeist erst dann um Hilfe, wenn es zu unbequem für uns geworden ist, alles wie bisher weiterlaufen zu lassen.

Manchmal resignieren wir aber auch nur, weil uns die Schwierigkeiten in unserem Leben dann schon so groß scheinen, als dass wir glauben könnten, sie mit Hilfe anderer doch noch zu überwinden. Dann ziehen wir uns mehr und mehr in uns selbst zurück. Dabei wissen wir doch eigentlich, dass wir Menschen aufeinander angewiesen sind, damit wir uns erfolgreich weiterentwickeln können, persönlich und in der Gruppe. Ein gutes Beispiel dafür ist die Internationale Raumstation ISS. Sie funktioniert nur, weil hier Menschen aus vielen Ländern zusammenarbeiten. Auf der Erde klappt das dagegen oft nicht. Hier unten macht lieber jeder für sich »sein Ding« und streitet sich lieber, als sich gegenseitig zu unterstützen. Aber dort oben, im Weltall – da funktioniert es. Doch warum ist das so?

Weil wir in der Schwerelosigkeit erkennen, dass wir aufeinander angewiesen sind. Wir verstehen, dass wir bestimmte Dinge nur mit der Hilfe anderer schaffen können. Dort oben ist gegenseitige Hilfe – Kommunikation – überlebenswichtig für die gesamte Crew. Also fragen wir eben andere Menschen, weil wir sicher sind, nicht zurückgewiesen zu werden und weil wir wissen, dass auch sie auf unseren Beitrag in der Gemeinschaft angewiesen sind. Erst da oben sehen wir uns als das Team, das wir Menschen an sich auch hier unten in unserem Alltag sind. Die Fragen mögen auf der Erde vielleicht einfacher sein und es geht nicht um das Überleben der Menschheit. Aber sie sind für dich in diesem Moment wichtig:

- Die Frage nach der Bohrmaschine, die wir uns ausleihen, um endlich dieses Loch für die neue Lampe in die Wand zu bekommen.
- Die Bitte an eine Kollegin, heute deinen Dienst zu übernehmen, weil es dir gerade nicht gut geht und du eine Auszeit brauchst.
- Die Frage »Kann ich Ihnen helfen?« im Klamottenladen ehrlich mit »ja« beantworten, statt weiter orientierungslos durch die Auslagen zu wandeln und nach 15 Minuten ohne die nötige neue Jacke wieder zu gehen.

Kleinigkeiten, ja – aber nur auf den ersten Blick.

Denn dort, in unserem Alltag, beginnt alles. Ich kenne das auch sehr gut von mir. Wenn ich einen Pizzateig für das Wochenende vorbereiten möchte, brauche ich dafür Mehl und einen dieser kleinen Hefewürfel aus dem Supermarkt. Das Mehl finde ich meist in den unendlichen Weiten der dortigen Regale. An der Suche nach dem kleinen Hefe-Teil scheitere ich aber oft. Mal liegt er dort, mal da. Manchmal glaube ich, der Rewe will das Backtriebmittel vor mir verstecken. Aber das Personal einfach mal fragen: Nein, das geht gar nicht, denn »das bisschen« werde ich ja wohl noch selber schaffen. Und schwupps ist er da, »mein Glaubenssatz«, den ich so gut gelernt habe, dass mir sein Vergessen verdammt schwerfällt. Deshalb kann es auch schon mal sein, dass ich nach der Hefe zehn Minuten erfolglos suche, bis ich aufgebe und statt eines Hefewürfels dann doch den Mut in mir finde, einen Mitarbeiter oder eine Mitarbeiterin nach einem solchen zu fragen. Das wäre zwar gleich am Anfang der Suche viel einfacher gewesen, aber zu diesem Zeitpunkt war das Selbermachen noch zu einfach für mich.

Also: Falls du diese Sache mit dem »ich brauche doch keine Hilfe« auch von dir kennst – du bist nicht allein damit. Vielen von uns fällt die Bitte um Hilfe schwer. Doch für uns alle gilt gleichermaßen:

»Wir müssen nicht alles sein, können, wissen oder machen.«

Wir sind gut so, wie wir sind. Und es ist okay, dass andere Menschen andere Dinge besser können als wir. Zum Beispiel einen Hefe-Würfel finden. Deswegen gibt es auch so viele unterschiedliche Berufe oder Berufungen, ganz wie du magst. Und das führt uns zu einer Feststellung, die ich immer sehr beruhigend finde auf der Suche nach dem Mut, um Hilfe zu bitten:

Wir können auch gar nicht alles können, wissen oder machen.

Denn das Leben ist so bunt, vielfältig und reich an Wissen und Möglichkeiten, dass jeder Mensch etwas findet, dass er besonders gut kann. Würden wir das gesamte Wissen der Menschheit in uns aufnehmen und gleichzeitig auch umsetzen können, wären wir wohl ziemlich nah an dem, was wir in der Spiritualität allgemein als göttlich bezeichnen.

Doch wir sind Menschen. Menschen, die Fehler machen dürfen und das Unperfekte perfektioniert haben.
Und selbst, wenn wir alles allein machen könnten, fehlt uns doch entweder die Zeit oder die Lust, das auch zu tun.

Denn wir würden viel länger damit beschäftigt sein als die Expertinnen und Experten für diese Sache. Zudem würden wir es vielleicht auch nur tun, weil wir es tun müssen, lustlos und ohne Spaß oder Freude. Wir wären ein Art Robinson Crusoe: Auf einer einsamen Insel dazu verurteilt, uns um alles Lebensnotwendige selbst zu kümmern. Doch eigentlich würde Robinson doch viel lieber mit Freunden ins Kino gehen.

Meine Einsicht, dass ich nicht alles allein machen kann oder will, hat mir mein Leben vor rund 25 Jahren geschenkt. Damals wurde ich nach einer Knie-OP mit 30 Einweg-Thrombose-Spritzen aus dem Krankenhaus entlassen, die ich mir selbst verabreichen sollte und zunächst auch wollte.

Doch was soll ich sagen – es war aussichtslos. Ich lag auf dem Bett und sollte mir diese doofe Nadel eigenhändig in den Bauch stechen. Ganz ehrlich: Dazu war ich nicht in der Lage. Es war nicht so, als ob ich es nicht versucht hätte. Doch meine Methode des möglichst langsamen »Einstechens« war natürlich Kopfkino pur und angesichts der ersten Einbeulung meines Bauches, den die Spritze verursachte, kapitulierte ich wieder und wieder vor der Aufgabe. Bis ich einsehen musste, dass ich so nicht weiterkomme. Dann erst habe ich meine Freundin gebeten, mir die Spritze(n) zu geben, was auch prima funktioniert hat, nachdem ich einmal gefragt hatte. Es fiel mir aber sehr schwer, mir einzugestehen, dass ich diese kleine Nadel nicht in meinen Bauch stechen kann. Ich, der gerade diese OP klaglos überstanden und auch schon andere Schmerzen ausgehalten hatte, kapitulierte vor einer Mini-Spritze!

Das war nicht so einfach für meinen Kopf.

An diesem Tag habe ich die Grenzen des für mich Machbaren gespürt. Ich will nicht sagen, dass dieses Stoppzeichen absolut war. Ich denke, auf der besagten einsamen Insel hätte ich mich irgendwann und irgendwie doch dazu durchgerungen, mich zu spritzen. Doch es war die richtige Entscheidung, um Hilfe zu bitten. Jemanden zu fragen, der genau das besser kann als ich.

Und so ist es die Einsicht in das Notwendige (und was ist notwendiger oder wichtiger als unsere Gesundheit), die uns dazu antreibt, mutig zu sein und selbst gesetzte Grenzen zu verschieben.

Das ist es, was ich an diesem Tag getan habe, auch wenn ich mir die Spritze nicht selbst gegeben habe:

Ich habe mir selbst eingestanden, dass ich Hilfe brauche. Und ich habe die Erkenntnis gewonnen, dass genau das auch völlig okay ist.

Es ist okay, nach Hilfe zu fragen.

Es ist okay, Hilfe anzunehmen.

Für diesen Schritt brauchen wir Mut und ein neues Denken. Die Frage nach Hilfe ist kein Scheitern, sie ist unser Weg.
Es ist nur der hohe Anspruch an uns selbst, der uns hindert, auf andere Menschen zuzugehen oder zuzulassen, dass wir Hilfe guten Gewissens annehmen können.

Doch niemand ist allein. Ob es nun um die Steckdose geht, die angeschlossen werden muss, eine schwierige Lebensphase, bei der wir ein Coaching gut gebrauchen könnten oder einfach nur meinen Hefewürfel:

Frag nach den Dingen, bei denen du Hilfe benötigst!

Zusammen geht vieles einfacher, schneller und macht noch dazu mehr Spaß. Manches funktioniert sogar nur, indem wir es gemeinsam tun. Einen schweren

Tisch tragen zum Beispiel. Eine neue Sprache lernen. In den Weltraum fliegen. Fingernägel mit der Schere an der rechten Hand schneiden. Oder einen Hefewürfel im Supermarkt finden.

Die meisten Menschen freuen sich sogar, wenn sie helfen können. Sie fühlen sich wertgeschätzt, wenn wir sie um Rat fragen oder um eine Tat bitten. Denn wir würden uns ja nicht an sie wenden, wenn wir nicht darauf vertrauen würden, in ihnen kompetente Ansprechpartner für unser Anliegen zu finden.

Damit machen wir diesen Menschen ein großes Geschenk:

Vertrauen.

Und nur wenn Menschen einander vertrauen, miteinander reden und etwas gemeinsam erschaffen, lernen wir voneinander und werden miteinander wachsen.

Hilfe anzunehmen und nach Hilfe zu fragen, macht also dein Leben leichter, schenkt dir mehr Zeit und anderen Wertschätzung und Aufmerksamkeit.

Um Hilfe zu bitten ist also ein Gewinn für alle. So sieht es auch die Wissenschaft. Ein Beispiel: Der Biologe William Hamilton begründete in der Theorie der »Verwandtenselektion« (so heißt das wirklich), dass eine Spezies umso erfolgreicher in ihrer Entwicklung ist, je mehr sie sich gegenseitig hilft. Und da wir Menschen alle ja irgendwie miteinander verwandt sind, sprich über denselben Ursprung verfügen, helfen wir anderen Menschen demnach vor allem deshalb, um uns das Fortbestehen als Gemeinschaft zu sichern. Hamilton entwickelte dazu sogar 1968 eine Formel, die bis heute in der Wissenschaft Bestand hat (die »Hamilton-Regel«) und ***2011 in einer Studie der Universität Lausanne*** durch ein spannendes Experiment von Robotern bewiesen wurde.

Doch so sehr ich auch logische, berechenbare Begründungen mag, hoffe ich gerade an dieser Stelle, dass uns der Wunsch zu helfen nicht nur mit der Evolution in die Wiege gelegt wurde, sondern einfach ein wesentlicher Teil unseres gelebten Miteinanders auf dieser Welt ist – und bleibt.

Das Miteinander leben, heißt dann auch »Danke« sagen oder an anderer Stelle etwas an die Helfer zurückgeben, das wir selber sehr gut können. So funktioniert Gemeinschaft. Gemeinschaft entsteht nur, wenn wir aufeinander achtgeben und uns gegenseitig helfen.

Es gibt auch Ausnahmen: Mürrische Menschen, die sich im besten Falle auf deine Bitte noch ein »Nein« rausquetschen und dann weiterziehen. Das kann weh tun, ja. Das kann dich in deinem alten Muster bestätigen, besser nicht zu fragen. Doch es gehört nun mal zum Leben dazu, dass Menschen »Nein« sagen können und auch dürfen.

Das hat gar nichts mit dir zu tun. Das ist einfach nur ehrlich. Vielleicht haben sie selbst nur einen schlechten Tag gehabt oder sind viel zu sehr mit sich selbst und ihrem eigenen Leben beschäftigt, als dass sie dir in deinem helfen könnten. Diese »Nein-Momente« sind der Grund dafür, dass die Frage nach Hilfe jedes Mal eine kleine Mutprobe bleiben wird. Denn egal, wie oft wir schon geübt haben, diese Frage zu stellen – manchmal geraten wir an einen dieser »Nein-Menschen«, der alles Gelernte wieder in Frage stellt.

Dann brauchen wir für unsere nächste Hilfe-Frage wieder doppelt so viel Mut. Doch auch hier gilt: Je öfter wir solche Begegnungen haben, desto leichter wird uns der Umgang mit einem freundlichen oder auch unfreundlichen Nein fallen.

Lass uns an dieser Stelle deshalb einmal zusammen üben, um Hilfe zu bitten. Wie wäre das? Zusammen übt sich das doch am besten. Okay? Dann los…

Doppelübung: Hilfe und Mut

Ich fange mal an. Ich schrieb ja eingangs dieses Kapitels, dass auch mir die Bitte um Hilfe schwerfällt. Ich übe sie deshalb regelmäßig. Also. Hmm… Puuhhh…

Ich möchte dich um Hilfe bitten.

Ja genau, dich. Ich bin mutig und frage einfach mal:

Sag mir bitte: Wie gefällt dir mein Buch?

Wenn du bis zu dieser Stelle gekommen bist, hoffe ich darauf, dass du die ein oder andere Sache für dich darin gefunden hast, die dir gefällt, und aus der du für dich etwas mitnehmen konntest. Oder du sagst ehrlich, Nö, also das war dann doch nichts für mich. Du wirst auf jeden Fall eine Meinung haben.

Und jetzt kommt die Stelle, an der wir meinen und deinen Mut miteinander zu einer gemeinsamen Übung verknüpfen können:

*Ich habe hier die E-Mailadresse **tag@stefangoedecke.de** versteckt. Ich möchte dich bitten, mir zu schreiben, was du so von meinem Buch hälst. Du hilfst mir sehr damit. Deine Nachricht kommt nur bei mir an. Und wie mich diese Frage Mut kostet, wird dich vielleicht auch das Schreiben und Senden der Nachricht an einen anderen Menschen Mut kosten. Doch bitte: Schreib mir gerne, ich freue mich wirklich über deine Post und manchmal – nein – oft sogar, schreibe ich auch eine Antwort. Ich vertraue dir, dass du die richtigen Worte findest, und freue mich über die Wertschätzung meiner Arbeit durch deine Post. Denn wenn dir eine Nachricht an mich nicht wichtig wäre, würdest du sie ja auch nicht schreiben. Auf diese Weise können wir zusammen Mut üben und uns gegenseitig helfen. Was meinst Du?*

Du kannst mir auch gerne schreiben, was dich beim Lesen meiner Themen in diesem Buch bewegt. Denn manchmal hilft es, die Dinge einfach einmal aufzuschreiben und mit dem »Sende-Knopf« loslassen zu können.

Noch ein Tipp für dich für diese Übung:

Wenn dir das Absenden deiner Worte an mich zu schwerfällt – schreib sie erst einmal auf. Gerne auf Papier. Entscheide einfach später, ob du sie mir senden willst. Du kannst deine Worte auch gehen lassen, indem du deinen Zettel dem Feuer übergibst oder ein Papierschiffchen damit baust, das du auf einem Bach oder See einen eigenen Weg schenkst.

Mit diesem Ritual kannst du im Übrigen auch vielen anderen ungesagten Worten in deinem Leben die Freiheit schenken. Während du sie loslässt, schaffst du in dir Platz für Neues und – hilfst dir damit selbst.

Manchmal jedoch schaffen wir es auch nicht mit Hilfe über ein Hindernis, das uns den weiteren Weg versperrt.

Das tut weh und frustriert. Schließlich haben wir doch alles gegeben, um weiter voranzukommen. Wir haben vertraut, vom Leben gelernt, noch einmal Anlauf genommen, andere Wege gesucht und um Hilfe gebeten. Wir schätzen den Moment und die kleinen Dinge in unserem Leben. Wir sind schon so weit gekommen auf unserem Weg, und doch bleibt da dieser riesige Stein einfach in unserem Weg liegen und bewegt sich keinen Zentimeter.

Wir haben so viel probiert und sind jetzt in diesem Moment doch gescheitert.

Viele Menschen resignieren jetzt. Schließlich haben sie doch so viel von sich gegeben und kommen dennoch voran. Diese Menschen empfinden das als »ungerecht«, fühlen sich »bestraft« vom Leben. Meist ziehen sie sich dann in sich selbst zurück, weil mit jedem missglückten Versuch die Angst in ihnen vor einem erneuten Scheitern größer wird. Sie verbieten sich auf diese Weise nach und nach, neue Dinge auszuprobieren und manifestieren in sich dieses eklige »Es wird sowieso nichts nützen« statt eines optimistischen »Das schaffe ich«.

Und weißt du was?

Mit diesem Glaubenssatz verpassen wir unser Leben. Wir verschwenden unsere Zeit. Wir verbringen sie in unseren selbst gesetzten Grenzen, weil wir uns nicht mehr trauen, etwas anderes oder Neues auszuprobieren. Es mag sein, dass wir so in unserer Komfortzone bequemer leben.

Doch vielleicht ist das ja gar nicht unser Leben?

Spätestens, wenn wir einst an der Schwelle zu einer neuen Welt stehen und zurückblicken, werden wir uns dann mit Konjunktiven quälen. »Ach, hätte ich doch nur einmal mehr probiert, vom Drei-Meter-Brett zu springen, vielleicht hätte ich es ja doch noch geschafft«. Oder: »Wenn ich mich nur noch einmal mehr um meinen Lieblings-Studienplatz beworben hätte, hätte ich doch noch Tierärztin werden können…«.

Dann bedauern wir, es gar nicht oder nicht noch einmal probiert zu haben. Dann wünschen wir uns noch diesen einen Versuch, auch wenn alle anderen vorher gescheitert sind. Denn was wir nicht wissen, ist doch, was beim nächsten Versuch passiert wäre – selbst wenn das vielleicht sogar schon der fünfte oder gar hunderterste gewesen wäre. Wir wissen dann nur eins: Wir haben es nicht oder nicht noch einmal probiert. Und jetzt, jetzt fehlt uns die Zeit für einen neuen Versuch.

An dieser Schwelle verstehen wir, dass Leben aus vielen Versuchen besteht, die funktionieren können – oder eben auch nicht. Wir begreifen, dass ein Scheitern kein Versagen ist. Und je früher wir das erkennen, desto eher werden wir auch unser Leben leben.

Ich möchte dir deshalb mit den folgenden Zeilen zeigen, dass es nicht nur normal, sondern vielmehr wichtig für uns ist, dass die Dinge auch mal nicht so klappen, wie wir es uns wünschen. Diese Zeilen sollen dich motivieren, weiterzugehen und deinem Traum zu folgen. Sie bringen gleich auch ein paar Lösungsansätze für dich mit. Denn die Angst vor dem Scheitern ist das wohl größte Hindernis, das dir den Weg versperren kann. Doch egal wie es sich in einem Moment der vermeintlichen Niederlage anfühlt:

Scheitern ist der Weg zum Erfolg.

Schaffe ich das? Warum das Scheitern kein Versagen ist

»Jede gute Idee braucht Zeit, um in dir zu wachsen. Schenk ihr Aufmerksamkeit, füttere sie mit deinen Gedanken, gieße sie mit Liebe, und schon bald wird sie zu groß für dich allein sein. Dann zeig ihr die Welt und sie wird sie verändern.«

Ich möchte dir zum Einstieg in das Thema etwas aus der Geschichte des Mannes erzählen, der das Leben der meisten Menschen seit fast 100 Jahren geprägt hat: Walt Disney. Sein Weg zum Erfolg war zunächst von vielen Rückschlägen geprägt, bis sich nach fast zehn Jahren stetigen Ausprobierens und Scheiterns mit der wohl berühmtesten Zeichentrickfigur der Welt – Mickey Mouse – auch endlich der Erfolg einstellte, auf den er so lange und beharrlich hingearbeitet hatte. Mit gerade einmal 19 Jahren suchte sich Disney einen Job als Zeichner bei einer Zeitung, den er der Legende nach wegen »zu wenig Talent« schon nach kurzer Zeit wieder verlor. So scheiterte er das erste Mal, sich seinen Traum zu erfüllen. Doch der junge Walt glaubte an sich und seine Fähigkeiten, gründete kurz darauf sein erstes eigenes Zeichentrickstudio mit einem Startkapital von gerade mal 250 Dollar. Doch seine schon damals visionären Zeichnungen trafen nicht den Geschmack der großen Filmproduzenten, sodass Disney mit seiner Firma zwei Jahre später wieder pleite ging. Doch auch das erneute Scheitern konnte ihn nicht entmutigen – im Gegenteil. Er machte sich mit nur noch 40 Dollar in der Tasche auf den Weg nach Los Angeles und gründete sein Studio neu, zunächst wieder mit nur mäßigem Erfolg. Doch er blieb mutig, er kämpfte für seinen Traum und legte nach weiteren fünf Jahren mit der berühmtesten Maus der Filmgeschichte endlich den Grundstein für das heute wohl wertvollste Medienunternehmen der Welt. Wenig später versuchte er dann, einen Finanzier für einen Freizeitpark für Familien zu finden, in dem seine Filmfiguren zum Leben erweckt werden sollten. Angeblich soll er dafür von 300 Banken eine Absage erhalten haben – er scheiterte sozusagen 300-mal mit seinem Anliegen. Aber er versuchte es noch einmal mehr und fand schließlich doch diese eine Bank, die ihm das heute weltbekannte Disneyland finanzierte.

Walt Disneys Scheitern war ein wichtiger Teil seines Weges zum Erfolg. Mit jeder Niederlage hatte er gelernt, wieder aufzustehen, etwas anders zu machen oder einen neuen Weg für sich zu finden – bis die Welt bereit war für seinen Traum. Hätte sich Disney dagegen durch sein Scheitern entmutigen lassen und hätte er es nicht immer und immer wieder probiert, wäre die Welt um viele wundervolle Träume ganzer Generationen von Kindern ärmer.

Auf dein und mein Leben bezogen heißt das:

»Wir werden nie herausfinden, ob wir etwas schaffen, wenn wir nicht tun, woran wir glauben.«

Kein Weg kann uns dabei Erfolg garantieren. Es wird Momente geben, in denen wir zweifeln. Aber es wird ebenso immer wieder kleine oder auch große Erfolge geben, die uns wissen lassen, dass es gut ist, diesen Weg weiterzugehen. Manchmal wird es auch Hindernisse geben, die uns unüberwindbar erscheinen. Diese eine Wand, an der uns das Aufgeben leichter fällt als das Weitergehen. Stell dir zum Beispiel vor, du möchtest wie Walt Disney deine eigene Firma gründen und ein Produkt auf die Welt bringen, das sie bislang nicht kannte. Die Idee ist super, du bist bereit, 16, 18 Stunden am Tag für deinen Traum zu arbeiten. Doch dir fehlt das Geld, um ihn Wirklichkeit werden zu lassen.

Trotzdem versuchen es, wie der junge Walt, Jahr für Jahr tausende Menschen. Sie arbeiten hart. Sie scheitern. Sie stehen wieder auf und gehen weiter.

Warum?

Weil sie an sich und ihre Idee glauben. Und das gilt für alle Ziele und Herausforderungen im Leben: Sei es als Sportler, Musikerin, Abiturient oder dein sechsjähriges Ich. Wir sind bereit, uns zu bewegen, um etwas zu erreichen. Und am Anfang dieser Wege steht immer eine Frage:

»Schaffe ich das?«

Packe ich die 100 Meter in der Qualifikationszeit, kann ich das neue Instrument erlernen, erreiche ich den für mich wichtigen Notendurchschnitt oder schaffe ich es, die Rutsche ohne Hilfe von Mama oder Papa ganz nach oben zu klettern?

»Schaffe ich das?«

Diese essenzielle Frage begleitet uns durch unser Leben. Und die ehrliche Antwort darauf ist ebenfalls immer die gleiche:

»Ich weiß es nicht.«

Aber das ist okay. Es spielt auch keine Rolle, ob wir etwas vorher mit Bestimmtheit wissen.

Denn wenn wir unseren Traum leben, werden wir ja ohnehin herausfinden, ob wir es schaffen. Ganz einfach, indem wir es versuchen.

Und je mehr wir für diese Aufgabe in uns ruhen, je mehr Selbstvertrauen wir haben, desto leichter wird uns das fallen. Mit allem Risiko, aber eben auch mit allen Chancen, die uns jeder neue Versuch schenkt.

Herausforderungen im Leben sind dazu da, uns immer wieder die Möglichkeit zu geben, ganz freiwillig unsere Komfortzone zu verlassen. Und wir wissen ja mittlerweile, dass genau das essenziell für unsere persönliche Entwicklung ist.

Mit Elan, Fleiß aber vor allem aber mit Mut und dem tiefen Glauben daran, das Richtige zu tun, werden wir so unserem Ziel nach und nach näherkommen. Und selbst wenn wir einst an diesem Punkt stehen, an dem es doch nicht mehr weitergeht: Das ist okay.

Lass uns lieber scheitern, als es erst gar nicht zu versuchen.

Denn nur wenn wir scheitern, lernen wir, was wir nächstes Mal anders oder besser machen können, um unser Ziel zu erreichen. Wenn wir uns jedoch gar nicht erst auf den Weg machen oder nur einen Grund suchen, nicht weitergehen zu müssen, bestätigen wir uns nur selbst, dass es da, wo wir sind, viel schöner ist als dort, wo wir hingehen könnten.

Doch wie hätten wir mit dieser Einstellung jemals Amerika entdeckt?

So bitter das im Moment einer Niederlage auch ist:

Scheitern gehört zu unserem Leben dazu.
Wir wollen das nicht. Wir wollen lieber die Erfolgsgarantie. Das ist auch der Grund dafür, dass wir unsere Familie, unsere Freunde, unsere Kolleginnen nach ihrer Meinung zu einem neuen Projekt oder zu einem neuen Menschen für unser Leben fragen. Wir wollen wissen, ob sie sich vorstellen können, dass wir dies oder jenes schaffen, ob genau das »unser« Weg sein kann. Letztlich bezwecken wir mit diesen Fragen aber nur eins:

Wir wollen für unser Herz die Bestätigung unserer Vermutung hören, dass wir mit einem neuen Projekt oder mit diesem anderen Menschen an unserer Seite erfolgreich – oder besser: glücklich – sein können.

Eine Bestätigung anderer erleichtert uns das Versuchen – und auch das Scheitern, weil es doch so viele für möglich hielten.

Das ist zutiefst menschlich. Wer macht sich schon gerne allein und ohne Zuspruch auf den Weg, um unbekannte Dinge zu erforschen oder ein großes Wagnis einzugehen? Wir versuchen so, das Risiko gegen die Chance zu schätzen: Was ist wahrscheinlicher, was wiegt schwerer?

Doch egal, was wir auf diese innere Waage packen: Auch dieses Ergebnis wird uns keine Geling-Garantie geben. Ja, es wird viele Menschen geben, die dir ihre Meinung sagen werden. Aber niemand von ihnen geht deinen Weg oder lebt dein Leben. Dein Weg ist nun einmal dein Weg. Also ist und bleibt es auch deine mehr oder weniger einsame Entscheidung. Du kannst dir zwar Unterstützung für sie holen. Letztlich kannst du aber nur tun, was du dir wünschst, um zu erfahren, ob es auch klappt.

Das Spannende ist: Wir werden mit diesem Wissen geboren. Erst später vergessen wir es wieder. In unserer Kindheit probieren wir viele Dinge einfach aus. Das kann dann gut gehen, es kann aber auch schief gehen. Als ich zum Beispiel acht Jahre alt war, habe ich einmal ganz unbedarft einen Deckel angehoben, der einen Topf mit kochender Suppe verschloss. Ich hielt den Deckel dabei so, dass der Dampf in meine Richtung entwich. Das »Pass auf!« meiner Mutter kam einen Moment zu spät. Mein Appetit war wohl etwas dominanter als die Vernunft. Ich verbrannte mir bei dieser Aktion ziemlich übel meine Hand. Doch seitdem habe ich nie wieder einen Topfdeckel im falschen Winkel angehoben. Ich habe gelernt, von der Suppe zu naschen, ohne mir die Hand zu verbrennen. Und ich kann dir sagen, dass ich von dieser Fähigkeit gerne und reichlich Gebrauch mache.

Manche Erfahrungen müssen wir machen, damit wir sie für unser Leben abspeichern und aus ihnen lernen können. Meine Zeilen hier sollen dabei kein Freibrief für was weiß ich für verrückte oder gar gefährliche Dinge sein. Niemand braucht Drogen. Oder Turnen am Trapez ohne Longe oder Netz. Wir müssen bei allem Entdeckergeist ehrlich zu uns sein, die eigenen und auch die gesellschaftlichen Grenzen kennen und respektieren.

Aber wenn dir etwas wirklich wichtig ist – ein ganz bestimmter Mensch, ein neuer Job, der Meistergrad in deiner Lieblingssportart – dann geh deinen Weg. Probiere, auch wenn es dich deine Komfortzone kostet. Auch wenn du einmal auf dem Weg dorthin scheiterst.

»Probieren bedeutet zu leben.«

Mit allen Gipfeln, Tälern und Konsequenzen auf diesem Weg.

Je älter wir werden, desto mehr verlieren wir die Fähigkeit, einfach etwas zu versuchen. Denn wir wissen nun, dass Scheitern weh tun kann. Viele von uns geben deshalb schon auf, bevor sie es überhaupt versucht haben.

Diese Menschen scheitern dann nicht an der Herausforderung. Sie scheitern an sich selbst.

Auch das ist zutiefst menschlich. Denn wir tauschen nur ungern ein funktionierendes System gegen etwas Unbekanntes. Oder anders: Wenn wir auf etwas Neues wetten, muss heute die Chance auf den Hauptgewinn schon ziemlich groß sein, damit wir mit vollem Einsatz spielen. Ich verstehe das. Doch wenn wir uns immer nur in die Komfortzone zurückziehen, weil wir Angst vor dem Risiko haben, bleibt uns eben auch nur der Spatz in der Hand, während wir der Taube bei ihrem Flug in den Himmel nur zuschauen können.

Vielleicht kennst du das ja. Und vielleicht möchtest du dir gerade deshalb ab heute mehr Neues – mehr Chancen – in deinem Leben erlauben. Für diesen Anfang möchte ich dir einen Satz schenken, der mein Leben veränderte. Er lautet:

»Ich darf scheitern.«

Er hat die Kraft, auch dein Leben zu verändern. Denn wenn du dir die Erlaubnis gibst zu scheitern, hörst du gleichzeitig auf, dir neue Dinge zu verbieten.

- Du beginnst, sie einfach zu tun.
- Du wirst dich freier und leichter fühlen.
- Du erinnerst dich an das Kind in dir.

Nichts ist so essenziell wichtig im Leben, wie Dinge zu probieren, wenn wir die Möglichkeit dazu haben. Denn irgendwann kommt der Tag in unser aller Leben, an dem wir die 100 Meter nicht mehr sprinten können, weil uns die Kraft dazu in den Beinen fehlt. Der Tag, an dem wir uns mit unserem Traum nicht mehr selbstständig machen, weil ihn nun andere schon vor uns geträumt haben. Der Tag, an dem wir unser Buch nicht mehr schreiben, weil unsere Gedanken die vielen Ideen nicht mehr ordnen können.

Und wenn wir uns das Probieren verbieten, nur weil wir Angst davor haben zu scheitern, werden wir eines Tages mit Bedauern auf die vielen verpassten Chancen unseres Lebens zurückschauen.

Natürlich werden wir auf unserem Weg immer wieder Zweifeln und Ängsten begegnen. Aber vor allem begegnen wir uns selbst. Und es liegt an dir, an mir – uns allen –, was wir aus diesem Treffen machen.

Wir entscheiden, ob wir die Hindernisse auf unserem Weg als Möglichkeit nutzen, uns weiterzuentwickeln oder lieber sicher, aber in ihrem Schatten weiterleben.
Ich bin mir sicher: Du wirst von nun an mit und an deinen Hindernissen wachsen. Mit der Erfahrung deiner Geschichte, den Chancen und dem Risiko des Probierens und der ein oder anderen helfenden Hand wirst du weitergehen und deinen Zielen und Träumen Stück für Stück näherkommen. Und wenn du erst diese eine Herausforderung geschafft hast, erscheint dir die nächste gleich etwas kleiner, näher, weniger abweisend, machbarer und vielleicht ja sogar willkommen.

Warum wir diese Entscheidung für uns selbst nicht in eine ferne Zukunft schieben sollten, sondern besser gleich heute treffen, möchte ich mir mit dir nun im nächsten Kapitel anschauen.

***»Was als Nächstes passiert,
bestimmst allein Du durch dein Handeln.«***

Weil jeder Tag zählt (1)

Wir Menschen erkennen oft erst in einem Verlust, was wirklich wichtig für uns ist. Wir wissen das – und doch handeln wir nicht anders. Wir bleiben dort, wo wir schon sind. Wir verbieten uns lieber neue Dinge, statt sie uns zu erlauben. Wir gehen jeden Tag arbeiten, obwohl wir eigentlich etwas anderes tun wollen. Wir fahren jedes Jahr zum Urlaub in die Berge, obwohl wir eigentlich das Meer sehen möchten. Wir tun all dies, obwohl wir es doch eigentlich besser wissen. Warum machen wir das so?

In den vergangenen Kapiteln hast du viel über dich und das Leben gelernt. Du hast dir Fragen beantworten können, Geschichten gelesen, dich erinnert und vielleicht auch die ein oder andere Übung gemacht. Du hast viel nachgedacht und aus dem Gelernten vielleicht sogar schon etwas für dein Leben umgesetzt. Das ist ganz wunderbar. Denn dafür habe ich dieses Buch geschrieben.

Und doch wird dir das alles nicht wirklich helfen. Die Wahrheit ist:
Alles Wissen dieser Welt nützt uns nichts, wenn wir es nicht verstehen.

Das meiste von dem, was wir für eine Prüfung auswendig lernen, haben wir kurz darauf schon wieder vergessen. Weil es kein Teil unseres Lebens wird. So ist es auch mit unserer persönlichen Entwicklung.

Nur, wenn auch in unserem Herzen ankommt, was wir mit dem Kopf erlernt haben, werden wir wirklich vorankommen. Dann erst werden wir das Erlernte verstehen und auch leben können. Und da wir in diesem Buch gemeinsam schon einiges gelernt haben, ist dieses Kapitel nun dem Fühlen gewidmet. Es wird dich aufwühlen. Es wird intensiv, vielleicht auch tränenreich oder aber voller Freude und Lachen. Jeder reagiert anders. Ich möchte nur, dass du das weißt, wenn du jetzt weiterliest. Nimm dir daher Zeit für den kommenden Text.

Denn ich werde mit einem großen Abschied beginnen.
Damit wir fühlen, was wir schon wissen, um es zu verstehen.

Was bleibt von einem Leben?

Es ist still hier im Zimmer
Die Uhr tickt nicht mehr
Das Bett neu bezogen
Die alten Fotos sind fort
Ich stehe am Eingang
und blicke ins Leere
Ich fühle den Abschied
Doch ich will ihn nicht sehn

Die Tür war noch auf
Du bist schon gegangen
Ein Schritt wieder vor mir
An sich also alles
wieder wie immer
Doch sag, warum kann ich
Dich dann hier nicht mehr sehn'?

Ich hab' dir Pralinen gebracht
Leg sie nun einfach aufs Bett und
Geb' den Blumen noch Wasser
Ich schließe dein Fenster
Es ist viel zu kalt hier
Ich spüre kein Leben
Ich glaub'
Allein unsre Vergangenheit
Atmet hier noch

Entschuldige bitte
Ich kann hier nicht bleiben
Mein Leben wartet dort draußen
Ich seh' dich dann später

Hab' hier noch zu tun

Ich wollt dir nur noch sagen
Ich vermisse die Wärme
Die Worte, die Nähe,
das Zusammen für immer
ganz einfach dein Sein

Das alles das fehlt mir
Das alles war doch erst gestern
Heute bin ich nur noch
So unfassbar einsam
Ganz alleine mit mir

Also pack ich ne Kiste
Mit den Fotos von früher
Dem Bild von der Ostsee
Und der Uhr aus Glashütte
Ich lege all das hinein
Was uns hier verband

Das alles so sinnlos
Sag,
Ist das wirklich Leben?
Denn dann will ich es nicht

Ich würde alles eintauschen
Nur einmal noch reden
Deine Hand liegt auf meiner
Unsere Köpfe zusammen
Wir tuscheln und lachen
Und du sprichst so beruhigend
Dein »Alles wird gut«
Du, ich werd' uns vermissen

Denk so gerne an dich
An das, was zwar vergangen
Und doch heute noch ist
Ich will dir gerne versprechen
Mein Leben läuft weiter
Zusammen mit dir
Du bist ja nicht fort
Du versteckst dich ja jetzt
Nur tief in meinem Herzen
Und wenn ich dich seh'n will
Besuch ich dich nun dort

Und so pack ich dein Leben
In einen Karton
Und lege auch schon mal
Das ein oder and're
Von mir mit dazu
Denn es wird der Tag kommen
An dem ich dir folge
Durch diese Tür

Wenn du das hier jetzt liest,
Du,
ich würd's gern jetzt und hier wissen
Sag,
Was bleibt von einem Leben,
dann,
wenn dann auch wir
für immer geh'n?
Vielleicht ist der Karton
Ja gar nicht so wichtig
Und es zählt nur die Geschichte
Die sich unsere Kinder
Von uns einst erzähl'n…

Leg das Buch nun bitte einen Moment zur Seite. Fühl in dich hinein und frage dich:

Was packst du in deinen Karton?
Was bleibt von deinem Leben?
Was werden die Menschen, deren Herzen du berührt hast, von dir erzählen, wenn du vor ihnen durch diese Türe gehst?

Bitte schreib dir deine Gedanken auf. Das ist wichtig. Nimm dir die Zeit, die du dafür brauchst.

Erst wenn du wieder bereit bist, lies weiter.

Die Dinge, die du dir gerade aufgeschrieben hast, sind die Essenz deines Lebens. Das Wesentliche. Nicht der Mercedes vor der Haustüre. Nicht die Reise nach Sonst wohin. Nein, es sind die vielen kleinen und großen Geschichten von und mit dir, die du in das Poesiealbum deines Lebens schreibst. An jedem Tag. In jeder Minute und jeder Sekunde. Auch jetzt, da du diese Zeilen hier liest.

Und in jedem dieser Momente triffst du die Entscheidung, was du heute in deinen Karton packst:

- die Unbeschwertheit deines Seins,
- die Süße des Genießens,
- die Leichtigkeit einer Pause
- vielleicht auch eine Portion Meckern über den Busfahrer, der heute vor deiner Nase weggefahren ist,
- das Mensch-ärgere-dich-nicht-Spiel heute Abend mit deinen Kindern,
- deinen Lieblingsaufsatz aus der achten Klasse
- vielleicht auch dein erstes Buch

Das alles ist dein Leben, deine Geschichte.

Doch oft merken wir in unserem Alltag gar nicht, wie schnell ein Tag vergeht und welche Chancen, Möglichkeiten und Erinnerungen mit ihm in der folgenden Nacht in Dunkelheit getaucht werden. Dann fliegt die Zeit nur so an uns vorbei, weil wir sie an der Straße des Alltags vor unserem Haus einfach nur ungenutzt abgestellt haben – wie eine Mülltonne, die mal wieder geleert werden muss.

Denn wir glauben, wir hätten unendlich viel Zeit – schließlich bekommen wir doch jeden Tag 86.400 frische Sekunden geschenkt. Schon so lange! Wir können uns gar nicht vorstellen, dass das jemals anders sein könnte. Doch die Wahrheit ist: Seit unserer Geburt zählt die Lebensuhr rückwärts. Das merken wir zunächst gar nicht, denn wir wachsen in eine Welt hinein, die uns mit ihrer Vielzahl an neuen Erlebnissen jeden Tag atemloser zurücklässt. Wir lernen unsere Umgebung mit einem ersten Lächeln wahrzunehmen, irgendwann sitzen wir allein, krabbeln, laufen, probieren zu schwimmen und lernen Fahrrad fahren. Wir dürfen so viele Wunder der Natur das erste Mal in unserem Leben sehen. Wir entdecken die Faszination des Sonnenlaufs und die Jahreszeiten, wir lernen mit ihnen den Abschied kennen und finden Vertrauen in ihrer Wiederkehr. Wir fühlen Schnee auf unserer Haut, tauchen im Meer und essen das erste Mal Pizza. Mit unserer Pubertät verabschieden wir uns mehr oder weniger atemlos von unserer Kindheit und können es oft gar nicht erwarten, schnell genug erwachsen zu werden. Wie ewig lang erschien uns damals allein ein Monat, damals, als wir in unserer Jugend so viele Erlebnisse in einen Tag reinpackten, dass wir für sie oft auch noch die halbe Nacht brauchten?

Und statt diese Zeit zu genießen, freuten wir uns manchmal sogar darüber, dass ein Moment bald vorüber ist: Die Führerschein-Prüfung, eine Krankheit, der Aufsatz in Deutsch, das morgige Gespräch mit der Chefin oder eine lange Autofahrt. Wir verschoben unser Leben auf ein Morgen, das so aber vielleicht nie kommen wird. Und während wir so in Gedanken in einer Zukunft lebten, blendeten wir die in unserer Gegenwart parallel passierenden, schönen Dinge aus: Das Erlernen neuer Fähigkeiten, wenn wir uns prüfen lassen, den gemeinsamen Tee mit der Freundin, die uns besucht, während wir krank im Bett liegen oder die zufällige Begegnung auf der Raststätte mit einem Menschen, der vielleicht unser Leben schöner machen würde, wenn wir ihn denn daran teilhaben lassen würden.

Wir fokussieren uns weniger auf die schönen Dinge, weil wir glauben, dafür später noch genug Zeit zu haben.

Der große Abschied

»Ich trauere nicht um die Jahre, die vergangen sind. Ich trauere um die Zeit, die ich so achtlos verstreichen ließ.«

Erst wenn wir älter werden, erkennen wir, dass wir uns damit nur selbst belügen. Wir erkennen langsam, aber doch mit brutaler Sicherheit, wie wertvoll jeder unserer Tage ist, und wie unwiederbringlich seine Chancen und Risiken sind. Erst jetzt verstehen wir, dass dieses atemlose Leben seit unserer Geburt nichts anderes als ein stetiger Abschied ist.

Wir lassen unsere Kindheit zurück, die erste Liebe, die Schule. Den ersten Beruf tauschen wir hoffentlich gegen unsere Berufung, die Leichtigkeit der Jugend mit der Verantwortung für eine eigene Familie. Im Laufe der Zeit merken wir dann, dass uns manche Dinge nicht mehr so leichtfallen, wie es früher einmal war. Die Treppe kommt uns plötzlich viel länger und steiler vor. Die Prellung vom Sport beschäftigt uns länger als noch vor zehn Jahren. Unsere Sehkraft lässt nach. Bei Wanderungen brauchen wir öfter eine Pause. Menschen, die uns lange liebevoll begleitet haben, sind plötzlich nicht mehr da für uns – Großeltern, Eltern und vielleicht auch der ein oder andere Freund verlässt für immer in diese Welt. Wir spüren, dass sich etwas in uns, mit uns und oft auch in unserem Umfeld verändert. Wir wissen, dass wir noch immer jeden Tag 86.400 frische Sekunden geschenkt bekommen, aber wir in dieser Zeit nur noch halb so weit laufen können wie früher.

Wir lernen mehr und mehr den Abschied kennen, der in dieser geschenkten Zeit versteckt liegt. Denn keine der neuen Sekunden kann uns einen Menschen, den wir an die Zeit verloren haben, wieder zurückbringen. Keine der neuen Sekunden kann uns noch einmal auf unserem Abi-Ball tanzen lassen. Keine der neuen Sekunden kann uns noch einmal das Wunder der Geburt unseres ersten Kindes erleben lassen.

Wir sehen unsere eigene Endlichkeit in all ihrer Unvermeidlichkeit.

Und in der Absolutheit dieses Abschieds fühlen wir erstmals echten Verlust und spüren, wie wertvoll, wie unwiederbringlich unsere Zeit hier ist.

Und erst jetzt, wenn wir Verlust fühlen, wissen wir nicht nur, sondern verstehen auch, dass Zeit kostbar ist und jeder unserer Tage hier zählt.

Doch etwas zu verstehen, bedeutet für die meisten von uns noch nicht, dass wir es auch annehmen und damit für uns nutzen können. Viele leben zunächst die Melancholie und Traurigkeit, die dieser Abschied mit sich bringt. Wir schauen auf eine Zeit zurück, die wir so nie wieder erleben können. Wir leben in unseren Erinnerungen. Und wir haben mehr Fragen als Antworten für unsere Zukunft. In diesem Prozess drohen wir uns selbst und unser Hier und Jetzt zu vergessen. Manche verlieren sich in diesen Gefühlen nur eine Weile, andere brauchen Hilfe, um mit ihnen leben zu lernen. Viele Menschen empfinden ihr Leben in diesem Erkennen sogar als persönliche Krise, die manche schon Ende ihrer Zwanziger-Jahre trifft, viele aber erst zehn, 20 Jahre später.

Uns alle eint dann, dass wir gerne noch ein wenig Zeit so verbringen wollen, wie wir es die letzten Tage, Wochen und Jahre getan haben – ganz gleich, wie wir vorher über unser Leben und unseren Alltag gemeckert haben.

Doch was dich in eine solche Krise stürzen kann, wird dich auch wieder aus ihr herausholen. Die Akzeptanz unserer Endlichkeit weist uns auch den Weg zurück in das Hier und Jetzt, hin zu dem Genuss des Moments, der Erkenntnis des Wesentlichen.

Niemand kann die Zeit zurückdrehen. Wofür wir gestern noch morgen Zeit gehabt hätten, ist heute für dieses Morgen nicht mehr möglich. Wir sehen nun klar, was wir schon immer wussten, aber nie richtig gelebt haben:

Wenn ein Moment vorbei ist, ist er vorbei.

Die Chance, ihn noch einmal ganz bewusst und dankbar erleben zu können, wird nie wieder kommen. Und in dem Moment, in dem wir den Abschied als Teil des Lebens annehmen, geben wir uns selbst ein Versprechen:

- Ab sofort lebst du jetzt.
- Ab sofort verschiebst du nichts mehr auf ein Morgen, das du nicht kennst und auf das du auch keinen Anspruch hast.
- Ab sofort siehst du in deinem Leben lieber die bunten Farben als das grau.

Dies ist deine Entscheidung für ein Leben, wie du es früher geführt hast, als du als Kind noch vollkommen im Augenblick lebtest. Es ist eine Reise zurück zu dir selbst. Mit all der Kraft, dem Genuss, der Liebe, dem Verlust oder der Euphorie, die dir jeder Moment dieser vielleicht hundert Jahre hier auf dieser Welt schenken kann.

Vielleicht stehst du gerade an genau diesem Punkt, machst dir Gedanken über dein Leben aus der Erkenntnis der Endlichkeit heraus. Vielleicht versuchst du noch ein wenig Vergangenheit zu leben oder verschiebst dein Leben noch in eine ungewisse Zukunft. Vielleicht traust du deinem Wissen noch nicht, zweifelst an dem, was du erkannt hast – oder du wünschst dir, dass es anders wäre, hast Angst vor dem, was nun passieren kann.

Ich verstehe dich.

Denn wenn wir uns vom Moment berühren lassen, lassen wir Gefühle zu. Das kann uns weh tun, ja. Doch:

Die Angst vor einem Moment darf uns nicht die Freude an einem ganzen Leben stehlen.

Du und ich, wir haben keine Zeit, unser Leben in einem Gestern zu leben, dass nur noch Vergangenheit ist. Und wir haben keine Zeit, unser Leben auf ein Morgen zu verschieben, das ungewiss ist.

Wir haben keine Zeit.

Ersetze deine vielen »Wenn und Dann« und »Damals« durch ein »Jetzt«. Tausche deine Erwartungen gegen Dankbarkeit und entscheide dich für den Moment. Du tust das für dich. Und warum noch warten, wenn wir genau das auch jetzt tun können?

Denn wenn doch jeder Tag zählt, dann zählt dieser eine heute mit deiner Entscheidung ganz besonders für dich.

Denn dies wird die beste Entscheidung deines Lebens sein.

Ich weiß, dass diese Gedanken anstrengend sein können für dich. Das ist völlig normal. Für uns Menschen ist es schwierig, sich mit dem Gedanken der eigenen Endlichkeit zu beschäftigen, sie anzunehmen als Teil des eigenen Lebens. Denn im Grunde unseres Herzens wollen wir doch alle ein Stück Ewigkeit, hier, mit unseren lieben Menschen. Wenn du für diesen Prozess noch ein wenig Hilfe brauchst, lade ich dich nun zu einem Gedankenexperiment ein, zu einer Reise in die Zukunft. Bestimmt finden wir dort gemeinsam einen Grund und auch den Mut, das Leben im Heute zu feiern.

Eine Reise in die Zukunft

Also, wenn du mitkommen möchtest, mach es dir bequem, da wo du gerade diese Zeilen liest und komm mit in deine Zukunft. Aber gib acht: Vielleicht wird dir diese Reise schwerfallen, denn das Altern geht nicht spurlos an unserem Körper vorüber. Es hinterlässt Spuren an und in uns, denen wir uns stellen müssen, auch wenn wir glauben, den Zeitpunkt dafür beliebig nach hinten schieben zu können.
Deswegen mag ich dieses Experiment, was wir jetzt zusammen wagen: Es ermöglicht uns etwas, das uns das echte Leben verwehrt: Eine Reise in unsere Zukunft – und auch wieder zurück – mit der Kraft unserer Gedanken.

Bereit? Dann lass uns beginnen mit der…

Reise in die Zukunft

Stell dir vor, du bist alt. Also so richtig alt. Dein Körper ist müde und hat kaum noch Kraft. Du hast Schwierigkeiten aufzustehen, das Laufen fällt dir schwer. Ab und zu kommt eine Pflegekraft vorbei, bringt dich auf die Toilette und wäscht dich. Für mehr bleibt ihr keine Zeit. Danach bist du wieder auf dich gestellt. Und allein. Keine Arbeit mehr, keine Listen, die du abarbeiten kannst oder musst, keine Feier mit Freunden. Du verbringst jetzt mehr Zeit mit dir selbst als in deinem bisherigen Leben. Zeit nur für dich und deine Gedanken. Viel Zeit, viele Gedanken.

Und Du lächelst.

Auch wenn dein Körper so oft weinen möchte. Deine Gedanken tragen dich an wundervolle Orte in wundervollen Zeiten. Du lässt sie kreisen und greifst dir daraus diesen einen heraus, der dich gerade besonders berührt. Du kannst an deine Kinder denken, an deinen ersten Kuss oder die Lieblingseisdiele deiner Kindheit. Wie hat sich das angefühlt, damals, wartend auf »Schoko-Vanille« in einer Reihe mit zehn anderen Kindern vor dem Softeisautomaten? Du kamst gerade vom Badesee, Sonne im Herzen und noch Wasser in den Haaren. Ein Eis, dann nach Hause, wo das nächste Abenteuer wartet, schließlich willst du draußen noch auf den Hof gehen. Verstecken spielen. Leben. Greif dir diese eine Idee vom Leben. Fühle in dich hinein, spüre tief in dir diese Zeit voller Wunder, die du in diesem Moment hast. Der Moment, der dich erfüllt hat mit der Liebe zum Leben. Blicke mit diesem einen Moment zurück auf deine Jahre. In Liebe und Dankbarkeit. Du weißt, dass Du gelebt hast, den Moment genießen konntest, Freude in dir trugst. Lass dich von diesem Moment durch dein Leben tragen, durch die Gezeiten deines Seins bis zum heutigen Tag. Lass dich ausfüllen von der Freude, dem Leben, das du in dir spürst. Spüre die Wärme der Sonne und die Kühle des Wassers auf deiner Haut. Nimm dieses Gefühl mit durch die Zeit zu dem Menschen, der auf seinem Bett liegt und nach einem anstrengenden Tag nur noch schlafen möchte. Zu einem Menschen, der noch immer Kraft aus seinem Leben schöpfen kann, der seinen Schatz in sich gefunden hat, der mit sich und seinem Sein zufrieden ist – auch wenn er weiß, dass sein Licht hier vielleicht nicht mehr lange leuchten wird.

Du bist dieser Mensch, der in Liebe zurückblicken kann, der sein Leben in Dankbarkeit annimmt und den die glücklichen Momente durch die Wogen des Seins tragen. Du bist zufrieden. Mit dir, deinem Sein, dem Gestern, dem Heute und auch dem Morgen. Denn morgen kommen deine Enkelkinder zu Besuch und es gibt zum Nachtisch Schoko-Vanille-Eis. Softeis von deiner Lieblings-Eisdiele, das sie dir mitbringen. Du schließt deine Augen und ruhst dich aus, denn morgen hast du viel zu erzählen. Von dir, der Eisdiele deiner Kindheit und den vielen kleinen und großen Abenteuern, die du erlebt hast.

Und nun nimm diesen Moment mit zu dir zurück.
Zurück zu dir auf dein Sofa, die Wiese oder die Yogamatte, zu deinem Moment im Hier und Jetzt, indem du diese Zeilen liest. Langsam breitet sich eine zufriedene Wärme in dir aus, ein Gefühl der Liebe zum Leben und der Dankbarkeit, es genauso gelebt zu haben. Nimm das Gefühl des Menschen mit, der du sein wirst, wenn du alt bist. Seine Erfahrungen, sein Wissen, seine Freude, seine Zufriedenheit. Seinen Frieden. Seine Weisheit. Die wohlige Wärme breitet sich immer weiter in deinem Körper aus, erreicht über deine Blutbahn Hände und Füße und erzeugt an angenehmes Kribbeln. Ein Gefühl der Erinnerung an Dein Leben, an die unzähligen wundervollen Momente, die deine innere Flamme nähren. Es liegen schon einige dieser Momente hinter dir, aber es werden auch noch viele schöne Augenblicke folgen. Dieser eine Augenblick zum Beispiel, jetzt und hier, in dem du dich nur auf dich besinnst, in dem du dir jetzt Zeit für dich, deine Bedürfnisse und dein Leben nimmst. Ein Moment der Erkenntnis, ein Moment des Hineinfühlens in deine größte Reise: In dein Leben.
Und du weißt, dass deine Reise gut war, sein wird – doch vor allem aber ist. Du erkennst, dass sich jeder Moment davon lohnt, intensiv und bewusst zu leben.

(Wenn du möchtest, kannst du dir diese Traumreise auch von mir gesprochen anhören: **www.stefangoedecke.de/meinTag**)

An dem Punkt deines »Ja« zum Moment möchte dir danken, dass ich dich auf deinem Weg mit diesem Buch ein wenig begleiten durfte. Es war sehr schön, so zusammen mit dir spazieren zu gehen. Die frische Luft zu genießen, die Leichtigkeit des Lebens wieder sehen und fühlen zu lernen. Die bunten Blumen an unserem Wegesrand wieder wahrzunehmen.

Und auch wenn das hier schon ein wenig nach Abschied klingt, ist unsere gemeinsame Reise noch nicht zu Ende – ein kleines Stück liegt noch vor uns. Denn ich möchte dich gerade jetzt mit deinen Gedanken und Gefühlen nicht allein lassen – Ich möchte dir noch einmal Mut, Hoffnung und Kraft schenken für all die Dinge, die für dich noch kommen werden. Denn da ist noch so viel mehr für dich, dass es zu entdecken und zu leben gibt. Deine Reise ist noch nicht zu Ende. Im Gegenteil:

Sie fängt jetzt gerade erst an.

Denn mit dem Erkennen unserer Endlichkeit beginnen wir, noch einmal zu leben. Mit einem anderen, einem neuen Blick auf die Welt und das Wesentliche in deinem Leben. Wir fangen an, unsere Tage zu erleben. Jeden einzelnen davon. Weil wir nun nicht nur wissen, sondern auch fühlen und damit verstehen, dass jeder Tag zählt.

Zurück.

Damals, als du gegangen bist habe ich viel geweint. Heute weiß ich nicht mehr warum. Damals, als du gegangen bist, fühlte ich mich sehr einsam. Heute kann ich mich nicht mehr daran erinnern.

Damals, als du gegangen bist, hast du viel von mir mitgenommen. Heute spielt das keine Rolle mehr.

Heute, als du wiederkamst, habe ich wieder viel geweint. Heute, als du wiederkamst, habe ich mich endlich wieder ganz gefühlt. Heute, als du wiederkamst, hast du mich zurückgebracht.

Weißt Du, ich bin so froh mich wieder gefunden zu haben. Denn ich habe mich vermisst.

Ein neuer Anfang

»Wir denken, wir haben unendlich viel Zeit. Doch je länger wir in diesem Glauben leben, desto klarer erkennen wir, dass auch die Unendlichkeit ein Ende hat.«

Das vergangene Kapitel war vielleicht schwer auszuhalten für dich. Vielleicht hast du während dieser Zeilen lang angestaute Tränen loslassen können und fühlst nun eine Leere in dir, die vorher der unerschütterliche Glaube an die Unerschöpflichkeit der uns täglich geschenkten Zeit ausgefüllt hat. Wenn es dir gerade so geht, dann lass mich dir sagen:

Du bist mit diesen Gefühlen nicht allein. Den meisten Menschen geht es an dieser Stelle so.

Es ist nicht einfach, die eigene Endlichkeit – den Tod – als Teil des Lebens zu begreifen. Die meisten Menschen, die an diesen Punkt kommen, sind von da an auf der Suche, diese Leere neu zu füllen. Und dafür brauchen wir, du ahnst es vielleicht schon, noch einmal Mut, Vertrauen – und deinen Beitrag. Denn das Leben geht weiter. Einfach so. Das Leben kennt bereits den Tod.

Wir sind es, die nun entscheiden werden:

Schöpfen wir aus unserem Wissen Kraft und Lust auf die Zeit, die uns noch geschenkt ist? Tauschen wir Traurigkeit und Schwermut gegen die Dankbarkeit des Seins? Erleben wir unser Leben?

Oder haken wir weiter einfach nur ab, was auf irgendwelchen Listen steht? Machen wir weiter wie bisher? Tun wir so, als ob die Zeit doch keine Rolle spielt in unserem Leben?

Ich möchte dir für deine Entscheidung noch einmal Kraft schenken in diesem Kapitel. Denn ich wünsche mir, dass du dich für dich und dein Leben entscheidest.

Auch wenn es uns heute mit der Erfahrung eines langen Lebens schwerfällt, Neues in unser Leben zu lassen, die Lücke zu füllen, die das Erkennen der eigenen Endlichkeit in uns hinterlassen hat: Es ist nie zu spät für diesen Anfang. Wir alle fühlen, dass da noch etwas tief in uns ist. Etwas, das uns schon sooo lange begleitet, das uns vertraut und fremd zugleich ist. Etwas, das ein Teil von uns ist oder schon lange werden will. Etwas, das aus uns heraus geboren werden möchte. Etwas, das zu uns gehört. Doch dieser Kraft und diesem Anfang zu vertrauen, fällt uns schwer. Deshalb lassen wir unseren Kopf lieber nach Argumenten suchen, etwas nicht zu tun, statt einfach zu beginnen.

Vielleicht, weil uns ein »Ja« zu uns schwerer fällt als das »Nein«.

Vielleicht, weil Träume zuzulassen bedeutet, in Gedanken fliegen zu lernen und wir insgeheim die Freiheit fürchten.

Vielleicht, weil der andere, der bekannte Weg uns so viel leichter erscheint.

Vielleicht, weil wir es versucht haben und schon einmal gescheitert sind.

Oder weil heute Sonntag ist. Oder Montag, Dienstag, Mittwoch. Oder, oder, oder. Ich kenne diese Gedankenschleife nur zu gut.

Doch du, du hast die Entscheidung für dein »Ja« schon längst getroffen. Schließlich liest du ja dieses Buch.

Selbst wenn du also glaubst, nicht angefangen zu haben, hast du doch schon längst begonnen.

Dein nächstes Honigglas

Aller Anfang ist bereits in dir und mit dem Erkennen der eigenen Endlichkeit wirst du feststellen, dass all diese »Vielleicht«, die dir bislang so wichtig erschienen, nur Nebel waren, die die Sonne zwar kurz verbergen konnten, die sich aber lichten, je länger und intensiver sie strahlt. Egal, wo oder wann wir uns dann in unserem Leben befinden: Wir tragen immer eine unerschöpfliche Energie in uns, die auf diese Welt kommen will. Wir wurden geboren mit dieser Energie und lernten mit ihrer Kraft begierig unsere Welt kennen. In unserer Kindheit hatten wir noch keine Angst vor diesen neuen Dingen, weil wir sehen konnten, welch wunderbare Welt und welch unendliche Möglichkeiten uns nur ein einziger neuer Schritt ermöglichte. Jeder dieser Schritte war dabei wie das Öffnen eines Honigglases: Das Unbekannte duftete immer herrlich nach Frühling und Blüten und der Geschmack war so süß wie ein ganzer Sommer. Also suchten und fanden wir unser nächstes Glas, voller Entdeckerdrang und trotz aller Herausforderungen, die schon damals Teil unseres Lebens waren. Wir sind auf einen Hocker gestiegen und haben uns ganz lang gestreckt, um das Glas zu erreichen. Wir haben das geschafft oder auch nicht. Es war uns egal. Denn wir haben es kurze Zeit später wieder versucht. Wir haben die »Großen« dabei beobachtet, wie das geht. Wir haben es wieder und wieder versucht, bis wir es erreicht haben, bis wir es öffnen, bis wir vom Inhalt naschen konnten. Denn wir haben den Honig im Glas gesehen. Wir haben das Ziel gesehen. Und wir wussten, dass der Weg dorthin zum Ziel gehört.

Jedes einzelne dieser Gläser war es uns wert, auch mal von unserem Hocker zu purzeln, ein Glas kaputt zu machen oder an dessen Deckel zu scheitern. Doch letztlich haben wir es immer geschafft, von der ganzen Süße dieser Welt zu kosten. Und noch während wir aus einem Glas genascht haben, sahen wir etwas weiter oben schon das nächste im Regal stehen.

Und: Wir haben wieder einen Plan gemacht.

Ein Plan, der einkalkulierte, auch mal zu scheitern. Der schwierig umzusetzen sein würde. Aber ein Plan, von dem wir wussten, dass er sich lohnen würde zu verwirklichen. Noch einmal neu anfangen. Und zwar egal, wie oft wir über irgendeinen Hocker stolpern, egal wie oft wir einen höheren, einen anderen oder einen neuen brauchen. Denn wir wussten, dass uns genau dieses Glas wieder ein Stück weiterbringt in unserem Leben.

So war das damals. So einfach. So natürlich. So schön.

Dieses Gefühl ist nicht einfach weg, nur weil wir jetzt älter sind. Es ist noch immer in uns, nur ein wenig anders und mit mehr Zweifeln verbunden. Denn je mehr Gläser wir in unserem Leben öffneten, desto häufiger erfuhren wir, dass es auch mal weh tun kann, die nächste Stufe zu erklimmen. So lernten wir die Grenzen unserer Welt, wie wir sie in dem Moment lebten, nicht nur kennen und vielleicht sogar zu schätzen, sondern auch viel zu oft zu akzeptieren. Denn eigentlich wollen wir uns ja nicht selbst weh tun. Dieser natürliche Reflex ist auch wichtig und völlig in Ordnung, denn wer quält sich schon gerne selbst und das immer und immer wieder? Doch diese Reaktion ist eben auch hinderlich für uns und unsere Entwicklung. Schließlich schränken wir so unseren Fokus auf unsere bestehenden Grenzen ein. Wir verlieren nach und nach das uns einst geschenkte Interesse, auch mal »über den Tellerrand hinaus« zu schauen, zu probieren, wie es sich dort für uns anfühlt und zu spüren, was das Leben dort für uns bereithält.

Jetzt, heute, in diesem Moment, ist es Zeit, dass du dich an diese Energie in dir erinnerst. Sie wird dir helfen, die Lücke in deinem Herzen zu füllen. Sie wird dir helfen, wieder Neues zu entdecken und deine Wahrheit zu leben.

Denn wir belügen uns letztlich nur selbst, wenn wir nicht weitergehen.

Schau mal:

Der Weg zu deinem nächsten Honigglas KANN weh tun, er MUSS es aber nicht. Das ist ein Unterschied, den wir nur zu gern beiseiteschieben, weil wir, je älter wir werden, lieber lange »Pro und Contra«-Listen für eine Entscheidung aufstellen. Wir wägen immer genauer ab, was uns dieses Glas bringen würde, gegen das, was uns der Weg dorthin kosten wird. Mit diesem ständigen Rechnen verlernen wir, unserer Kraft und unserer Energie zu vertrauen und einfach und neugierig weiterzugehen. Wir verlieren die Lust auf diesen neuen Anfang und schränken uns selbst ein.

Wir denken zu viel und tanzen zu wenig.

Damit erlauben wir unserem Kopf, mit der Macht seiner Gedanken die uns eigene Energie in unseren Herzen einzusperren und den Schlüssel wegzuwerfen. Wir tauschen die Leichtigkeit in unseren Herzen gegen die Bequemlichkeit unserer Komfortzone. Langsam verdrängen wir auch den Wunsch, das Honigglas da oben auf dem Regal noch öffnen zu wollen. Doch dieses Glas ist immer noch da – es steht dort oben, gut sichtbar für uns. Und jeden Tag, wenn wir an dem Regal unseres Lebens vorbeigehen und dieses Glas sehen, spüren wir einen Stich in unserem Herzen. Anfangs nur einen ganz sanften, immer dann, wenn unser Blick länger auf ihm ruht. Doch je öfter wir das Glas, unsere Energie in unserem Herzen, ignorieren, desto heftiger und impulsiver werden die Stiche. Denn unsere Kraft lässt sich nicht einfach wegschließen.

Dein Herz rebelliert gegen sein Gedankengefängnis. Es erinnert dich daran, wer du wirklich bist und wozu du hier bist. Und auch das kann, nein, das wird weh tun. Je länger du also versuchst, die Energie in dir zu ignorieren oder gar zu vergessen, wird dieser Schmerz größer und größer. Letztlich wird er unerträglich. Es ist ein Schmerz, der dich auffordert, etwas zu verändern und wieder zu handeln. Es ist ein Schmerz, der dir mehr weh tun wird, als das Gefühl, beim nächsten Versuch, dein Glas zu öffnen zu scheitern.
Das hat das Leben genau so eingerichtet. Denn es möchte, dass wir unseren Weg gehen und auf unser Herz hören. Dass wir vertrauen. Gerade jetzt, wenn wir uns fragen, was dieses Leben überhaupt noch für uns bereithält, um die Lücke zu füllen, die sich in uns mit dem Erkennen der eigenen Endlichkeit aufgetan hat.

Die Verwandlung der Leere

»Sei nicht traurig. Die besten Tage deines Lebens kommen noch. Schau nach vorn. Es lohnt sich.«

Es ist doch so: Wir können kein Gefühl einsperren. Denn dann würden wir uns selbst einsperren. Wir wurden in Freiheit geboren und passen in kein Gefängnis.

Dein Leben wünscht sich von dir, dass du weiter gehst und die Leere gegen Fülle tauschst, deinen neuen Anfang lebst.

Wir sind hier, um die Welt zu entdecken. Wir sind hier, um Nutzen zu stiften. Ganz einfach mit unserem Leben, mit dem was wir bereit sind, in diesem zuzulassen und der Welt zu schenken. Dies tun wir jeden Tag, indem wir unsere Energie, diese geschenkte Entdeckerlust in unseren Herzen, leben. Indem wir weiter neugierig auf und in das nächste Honigglas schauen.

Jetzt, in diesem Moment.

Und auch wenn wir langsam älter werden, heißt das ja nicht, dass es nun plötzlich keine Süße mehr für uns geben würde. Nein. Es fällt uns nur schwerer, das nächste Glas zu erreichen und den Deckel zu öffnen.

Es gibt noch sooo viele Honiggläser für dich. Fang einfach mit dem nächsten an, okay?

Und weißt du: Vielleicht ist der Inhalt dieses Glases genau das, was du dein Leben lang gesucht hast. Vielleicht hilft es dir sogar, das entscheidende Stück deines Weges zu gehen, um genau da anzukommen, wo du schon immer sein wolltest: Spanisch zu lernen, eine Reise zum Machu Picchu zu unternehmen oder gar eine neue Liebe zu finden – was immer du auch möchtest.

Das alles wirst du nur herausfinden, indem du es probierst.

Und während du es probierst, wirst du feststellen, dass das Versuchen auch heute noch genauso ist wie vor 20 Jahren: Immer, wenn wir ein Honigglas erreicht, geöffnet und von seinem Inhalt gekostet haben, wissen wir, dass sich der Weg hierhin gelohnt hat. Denn der Inhalt ist wieder pure Energie, die uns den Moment genießen und den Blick für das nächste Glas weiten lässt.

Lass also nicht zu, dass dein nächstes Honigglas ungeöffnet und ungeliebt im Regal deines Lebens verstaubt. Erinnere dich an die Süße deines Sommers und die Kraft, die dich durchströmte, als du erst gestern dein bislang schönstes Glas geöffnet hast. Auch wenn es dich Mühe kostet, Zeit und Energie, um an das Regal da oben ranzukommen. Auch wenn der Hocker zu klein ist, das Regal zu hoch, zu wackelig oder zu irgendwas. Egal ob du schon gescheitert bist und egal ob du noch einmal scheitern wirst.

Gib bitte nicht auf. Geh weiter. Nimm dir eine Leiter und steig nach oben. Hol dir dein Glas. Bleib in Bewegung, nutze die Energie in deinem Herzen und lass dir deine Träume nicht nehmen.

Ich weiß, eines Tages wird der Punkt kommen, an dem wir es nicht mehr schaffen, ein neues Glas zu öffnen. Auch das gehört zur Wahrheit des Lebens dazu. Es wird der Tag sein, an dem das Regal für uns unerreichbar ist, der Tag, an dem wir uns nicht mehr strecken können, der Tag, an dem wir vielleicht auch keinen Menschen mehr haben, der uns hilft, den Hocker vor das Regal zu schieben oder eine Leiter zu halten.

Dann, so hoffe ich, werden wir mit den vielen Gläsern, von denen wir bis zu diesem Tag bereits kosten durften, gelernt haben, mit unserem Geist zu fliegen. Und so können wir auch dann noch jedes neue Honigglas öffnen und hier auf dieser schönen Welt einfach noch ein bisschen weiterträumen, auf der Zunge den Geschmack des Sommers eines ganzen Lebens. Weiterträumen, einfach so, einfach nur für dich oder mich.

Ich kann dir nicht versprechen, dass das so funktioniert, weil ich nicht weiß, was dann sein wird. Aber ich kann es dir – uns allen – wünschen. Denn genau das würde ich mir auch für mich selbst wünschen.

Doch:

Dieser Tag ist nicht heute.

Dieser Tag heute ist ein Tag der Neugier.

Ein Tag des Anfangs.

Dieser Tag ist dein Honigglas-Tag.

Ich wünsche dir von Herzen, dass du deine Energie wieder in dir spüren, leben und lieben lernst. Ganz unaufgeregt, ganz selbstverständlich. So wunderbar leicht wie früher. Am besten gleich heute, an diesem wundervollen und kraftvollen Tag. Einem Tag der Sonne im Herzen. Einem Tag ohne »Vielleicht« und ohne »Aber«. Einem Tag der Wiederentdeckung deiner Kraft und Energie. Einem Tag des Vertrauens in dein Leben.

Heute ist der Tag, an dem du die Leere des Abschieds in dir in die Fülle des Lebens verwandelst.

Genau jetzt ist der perfekte Tag für dich, in deinem Leben den nächsten Schritt zu gehen. Denn du weißt und fühlst nun, dass dieser Tag zählt.

Lebe.

Du hast dich doch so sehr darauf gefreut.

Die 8 Geheimnisse eines erfüllten Lebens

Leben

Erzähl deine Geschichte. Sie ist deine Heimat.
Achte auf deine Wurzeln. Sie sind Vergangenheit und Zukunft.
Tu das, was du liebst. Das ist dein Antrieb.
Lebe jetzt. Das Gestern war, das Morgen ist ungewiss.
Sei wer du bist. Das ist deine Bestimmung.
Denn Du bist genug.
Für dein
Leben

Bevor ein Schmetterling seine Flügel ausbreitet, befreit er sich aus seinem Kokon. All das, was ihn aus seinem alten Leben noch belastet, was ihn einengt und an der nächsten Stufe seiner Entwicklung hindern möchte, lässt er in einer letzten Anstrengung hinter sich, um dann in seiner ganzen Schönheit zu erstrahlen. Dieser Weg ist beschwerlich, der Kokon eng gewebt und die Öffnung, durch die sich das anmutige Tier zwängen muss, ist winzig. Wer die Geburt eines Schmetterlings schon einmal beobachtet hat, wird in sich den Reflex gespürt haben, diesem wundervollen Geschöpf, das sich dort zu befreien versucht, zu helfen. Denn manchmal sieht es für Außenstehende so aus, als ob das majestätische Tier es gar nicht schaffen könnte, sich durch das schmale Tor in sein neues Leben hinauszuschieben. Wir sehen das Wunder der Geburt eines neuen Seins und wir glauben, dass das Leben diesem zarten Wesen im entscheidenden Moment zu viel abverlangt, um die nächste Stufe seiner Existenz zu erlangen. Dann wollen wir helfen, Platz schaffen, den Kokon öffnen und die Enge nur ein kleines Stück weiten, damit der Schmetterling majestätisch dem Leben entgegnen treten kann.

Doch diesen letzten, fundamentalen Schritt in seiner Entwicklung muss der Schmetterling selbst gehen. Ohne Hilfe. Er braucht die Enge des Kokons, damit seine Flügel auf dem Weg hindurch ausgestrichen werden und er bis in ihre Spitzen neues Leben schicken kann. Würden wir ihm in diesem entscheidenden

Moment seines Lebens helfen, könnte er seine Flügel nie in voller Pracht entfalten – vielleicht würden wir ihm sogar die Fähigkeit nehmen, zu fliegen.

Es fällt uns schwer, einfach danebenzustehen und auf das Leben zu warten. Zu vertrauen. Denn für unseren Kopf passt die Mühsal, sich durch den engen Kokon zwängen zu müssen, einfach nicht zu unserem Bild der Anmut und Leichtigkeit eines Schmetterling-Tanzes im Wind. In der Raupe sehen wir nur die Schwere, sich am Boden auf dieses wundervolle Leben in der Zukunft vorzubereiten. Die festen Grenzen des Kokons empfinden wir als einengend, zwingend und Stillstand vermittelnd. Die Wandlung, die sich gerade jetzt im Innen vollzieht, können wir nicht sehen – sie ist für unsere Augen unsichtbar und für unseren Kopf ja auch kaum erklärbar, weil sie so fantastisch ist. Und doch passiert sie – genau jetzt, in diesem Moment.

Der Weg der Leichtigkeit

Doch wir glauben im Leben nun einmal gerne an das, was wir auch sehen und erklären können. Wir wünschen uns daher auch nichts anderes als die Leichtigkeit und vielleicht noch die Anmut und Schönheit eines Schmetterlings. Wir wünschen uns so sehr zu fliegen, den Genuss und die Sonne, dass wir dabei nur zu gerne vergessen, dass zu diesem erfüllten Leben auch ein Bemühen, ein Entwickeln und oft auch ein Wandel dazugehört – gerade an den Punkten unseres Lebens, an denen wir uns entschließen, neue Wege zu gehen.

Wir wollen die Leichtigkeit des Schmetterlings ohne die Mühsal der Raupe.

Wir wollen die Schönheit seiner Flügel ohne die Transformation im Kokon.

Doch es ist doch so:

»Wir gehen unseren Weg immer von einem Anfang, nie von seinem Ende.«

Wir lernen mit jedem Schritt. Auch mit den kleinen.

Wir haben manchmal Mühe voranzukommen.

Wir fühlen uns dabei oft eingeengt, den Grenzen des Lebens ausgeliefert.

Letztlich sind wir so viel öfter im Leben Raupe als Schmetterling. Dann rennen wir gegen die Enge an, versuchen auch mal hinter die Grenzen zu schauen, in denen unser Leben gerade stattfindet. Das ist der Moment, in dem wir uns weh tun können. Denn Wachstum kann, Wachstum wird weh tun. Und dann müssen wir uns entscheiden:

Wählen wir die Mühsal, vielleicht auch Schmerz und die Steine auf einem neuen Weg oder bleiben wir bequem aber doch dauerhaft am Boden, genau da, wo und wer wir sind?

Ich würde dir jetzt gerne sagen, dass du, ich – wir alle – uns letztlich doch immer für den neuen, für unseren ganz eigenen Weg entscheiden. Trotz der Steine, trotz der Mühe. Doch die Wahrheit ist: Wir verharren gerne und lange an diesen Lebenskreuzungen. Und wir entscheiden uns oft auch zurückzugehen. Dorthin, wo es scheinbar bequemer für uns ist zu bleiben. Wir gehen zurück an den Platz unseres Lebens, an dem wir das Lied der Veränderung nicht mehr so laut hören können, das uns an diese Kreuzung lockte. Da, wo die Sonne vielleicht nicht ganz so hell strahlt, sie aber immerhin ganz sicher leuchtet und ein wenig Wärme spendet. Und vielleicht kommen wir ja später noch einmal zurück an diese Kreuzung und entscheiden uns anders.

Ich möchte dir jetzt sagen – und das ist mir sehr wichtig:

Das ist okay.

Ich möchte dir damit den Druck nehmen, den wir uns so häufig selbst machen.

Deine Entscheidung ist gut.

Immer.

Denn – du hast es in diesem Buch gelernt – es ist stets die beste Entscheidung, die du in diesem Moment für dich triffst. Du hast alle Argumente gegeneinander abgewogen, die du kennst, die du fühlst, die du hörst und siehst.

Meist ist es auch so, dass unser Leben gar kein Raupendasein ist. Viele von uns sind bereits Schmetterlinge, die nur das Gefühl haben, eine Raupe zu sein. Denn Schmetterling zu sein, heißt ja nicht, dass wir nicht mehr wachsen und uns verändern können. Wir können höher oder auch mal tiefer fliegen, an neuen Blumen riechen, unsere Flügel leuchten lassen, selbst die Welt von oben erkunden oder dies mit anderen Schmetterlingen gemeinsam tun.

Egal wie du dich also an deiner Kreuzung entscheidest: Bitte trage diesen Satz in deinem Herzen:

»Wir verwandeln uns erst, wenn unsere Träume so groß geworden sind, dass wir sie uns unbedingt erfüllen wollen.«

Manchmal ist die dafür nötige Veränderung so groß, dass auch wir eine Metamorphose durchleben und uns nach einer Ruhezeit in unserem Kokon wie neu geboren fühlen. Manchmal reicht aber auch ein klein wenig Mut aus, um den Nektar einer uns bis dahin noch unbekannten Blume zu probieren, damit wir die nächste Stufe unseres Seins erreichen. Das alles ist Veränderung. Es muss nicht immer die ganz große Verwandlung sein.

Das Leben mag auch deine kleinen Schritte.

Und es ist doch so: Viele kleine Veränderungen in deinem Leben werden dich ebenso verwandeln wie eine große. Der Wille und die Kraft für jede dieser Veränderungen entspringt aus uns selbst – aus dem, aus deinem, Traum, eines Tages zu fliegen und Leichtigkeit und Freude in dir zu spüren. Tief in und mit dir zufrieden zu sein. Oder wie wir es gerne formulieren:

Glücklich zu sein.

Und immer dann, wenn wir etwas selbst wirklich wollen und aus diesem inneren Wunsch heraus auch selbst etwas für unser Wachstum tun, kommen wir wirklich voran in unserem Leben. Und auch wenn uns an jedem neuen Anfang der Weg schwierig erscheint, wir in uns wissen, dass er uns unfassbar viel Kraft kosten wird, dass wir Pausen brauchen werden, um wieder atmen zu können:

Genau das ist dein Weg.

Denn du bist wie der Schmetterling: Auch du möchtest die Freiheit des Lebens tief in dir spüren – du willst im Wind tanzen und dein Leben lieben lernen.

Und du bist, wie der Schmetterling auch, die ersten Schritte in dieses neue Leben schon gegangen. Kleine Schritte, die zu einem großen werden können. Zusammen mit mir und diesem Buch. Dafür – vor allem für dein Vertrauen – danke ich dir. Denn ich weiß, dass viele meiner Zeilen oft nicht einfach waren, da sie dir nicht vorgaben, was du wie zu tun oder zu lassen hast. Du hast mit diesem Buch deinen eigenen Weg gesucht, es vielleicht auch mal länger liegen gelassen, um einfach später weiterzulesen. Du bist bestimmt auch mal ein Stück zurückgesprungen, hast ein Gedicht oder eine Inspiration, zwei, drei Mal gelesen, bis du darin fandest, was du gesucht hast. Dieses Buch zu lesen, brauchte Zeit – wie auch jede Veränderung Zeit benötigt, um zu wirken und dann für dich eine neue Zeit zu erschaffen. Deswegen wünsche ich dir am Ende meiner Zeilen Geduld mit dir selbst. Zwei Schritte vor und einer zurück ist doch immer noch ein Schritt voran, oder? Und ich wünsche dir Genuss und Freude, Leichtigkeit, Liebe und Lust. Ich wünsche Dir Leben.

Proviant

Für den Weg, den du von nun an alleine gehen wirst, möchte ich dir noch meine acht Geheimnisse eines erfüllten Lebens als Proviant mitgeben. Du kannst immer von ihnen zehren, wenn du mal eine Pause brauchst:

1.Nimm deine Vergangenheit an.

Veränderung braucht eine Basis, auf die sie sich stützen kann, um ans Licht zu kommen. Auch der Schmetterling kann den Flug seines Lebens nur genießen, weil er all das in sich vereint, was ihn erst zu diesem kleinen Wunder gemacht hat. Weil er noch immer ein Stück der Raupe in sich trägt, die er gewesen ist. Weil er seine Wurzeln nicht vergisst. Denn nur mit all unseren Erfahrungen und Erinnerungen an unsere Vergangenheit entwickeln wir eine Idee unserer Zukunft. Eine Zukunft, die wir nur dann selbst gestalten werden, wenn wir wissen, welch wundervolles Privileg es ist, in den Wolken fliegen zu dürfen.

2. Du bist nicht allein.

Wir sind viele – wenn nicht sogar alle. Denn jeder von uns hat schon einmal in einem dieser Kokons festgesteckt. Wir alle haben uns schon einmal durch die scheinbare, vielleicht auch offensichtliche Enge eines alten Lebens gezwängt, um auf der anderen Seite neu geboren zu werden. Erinnere dich!

3. Wachstum kann weh tun.

Wir spüren es immer wieder an und in unserem Körper, der im Leben stets der Wandlung unterliegt. Auf den einen Übergang freuen wir uns und können ihn kaum erwarten, auf den anderen möchten wir lieber noch länger warten, als es das Leben für uns vorgesehen hat. Doch noch öfter, als wir den Wandel wirklich sehen, spüren wir dessen Notwendigkeit in unserem Herzen. Denn immer dann, wenn wir mit einer Lebensphase brechen, die nicht vom Alter vorherbestimmt ist, spüren wir in uns Wachstum oder Rückzug. Und alles, was uns im Herzen berührt, kann uns besonders gut, aber eben auch besonders weh tun.

4. Veränderung will eine Entscheidung.

Neues wagen oder weiter Kraft sammeln? Möchten wir jetzt Schmetterling werden oder lieber noch ein wenig in unserem Kokon bleiben? Immer wieder stellt uns das Leben vor die Wahl, vor eine Entscheidung, die unser Leben verändern kann. Manchmal haben wir uns verwandelt, manchmal auch für das Bleiben entschieden. Beides ist okay.

5. Sei bereit, dich zu verabschieden.

Immer, wenn wir uns für das Fliegen entscheiden, nehmen wir stets auch ein wenig Abschied. Denn wir müssen bekannte Dinge loslassen, um neue er- und begreifen zu können. Das ist es, was uns oft so sehr im Herzen weh tut an dieser Wandlung. Doch wir wissen auch aus unserer Vergangenheit, unseren Erfahrungen heraus, dass wir irgendwann den Weg aus der Enge herausgehen müssen, wenn wir nicht in den alten Grenzen unseres Kokons verkümmern wollen.

6. Der letzte Schritt jeder Veränderung gehört allein dir.

Du wirst ihn selbst gehen – ohne Hilfe. Du bist gut vorbereitet. Denn du willst vorankommen. Du hast einen Traum, eine Vorstellung deiner Zukunft. Jetzt ist es Zeit, dich auf den Weg zu machen. Du wirst wie der Schmetterling die Enge deines Geburtskanals nutzen, um deine Flügel auszustreichen und um Leben in die neuen Adern zu pumpen. Denn nur das, was du letztlich aus dir selbst heraus tust, wird auch wirklich zu deinem neuen Leben werden.

7. Deine Zeit ist jetzt.

Leben entwickelt sich nicht im Stillstand. Leben braucht Erlebnisse, den Blick nach vorn. Erlebnisse, die aus Vertrauen und Hoffnung entstehen und dann erst zu Erinnerungen in unserem Herzen werden. Jetzt ist die Zeit deines Lebens, in der du diese Erinnerungen sammelst. Jetzt ist die Zeit, in der du den Moment leben kannst. Jeder deiner Momente, die du in dieser Zeit, in deinem Leben, mit ganzer Kraft, voller Freude und Offenheit genießt, ist einzigartig. Und wenn du mit jedem dieser Momente ein Licht in deinem Herzen anzündest, wirst du, wenn deine Zeit zu Ende geht, in einer hell erleuchteten Halle voller Wärme und Licht leben. Der Schlüssel zu dieser Halle liegt im Tun des Hier und Jetzt, in deinen Momenten, diesem Tag heute, deinem Tag gestern und dem morgen. Deshalb zählt jeder dieser Tage für dich.

8. Schau nach oben.

Sieh in den Himmel. Es ist so schön dort. Du weißt, wie sich Fliegen anfühlt. Du willst dieses Gefühl wieder in dir spüren. Diese Leichtigkeit, die Zufriedenheit, den inneren Frieden mit dir und deinem Leben. Schau nach oben und sieh dich selbst. Sieh dich in den Wolken fliegen. Sieh den Flug dorthin und freue dich auf ihn. Das ist das Wichtigste. Alles andere wird folgen. Vertraue.

Also dann, lieber Schmetterling: Du hast dich nun zehn Kapitel lang mit diesem Buch vorbereitet, deinen letzten Schritt zu gehen. Nun bist du so weit. Flieg los. Lebe. Du hast dich doch so sehr darauf gefreut! Und wenn du magst, nimm dieses Buch – nimm mich – einfach noch ein Stück mit in dein neues Leben. Ich würde mich freuen, dich auch dort noch ein wenig begleiten zu dürfen. Du kannst immer mal eine Stelle nachlesen, die dich besonders berührt hat. Vielleicht bei einem zweiten Lesen noch einmal Neues für dich entdecken. Denn weißt du, Bücher haben viele Geheimnisse, die sie erst nach und nach preisgeben. Sie sind wie Träume, die auf Papier schon wahrgeworden sind. Und auch Träume brauchen Zeit. Und dieser Gedanke am Ende dieses Buches führt uns wieder zurück an unseren Anfang. Denn deine Zeit ist dein größtes Geschenk und dass du sie mit mir und diesem Buch geteilt hast, war eine große Freude für mich. Es war sehr schön, diesen Weg ein Stück mit dir gemeinsam zu gehen, ein Stück Vertrautheit, eine Verbindung zu spüren. Dieses Vertrauen ist nicht selbstverständlich. Vertrauen ist kostbar, Vertrauen verdienen wir uns immer erst durch unser Tun. Vielleicht hat dieses Buch auch etwas für dich »getan«, vielleicht war, vielleicht ist dieses Buch nun eine Hilfe auf deinem Weg, wenn du allein nicht mehr weiter weißt. Oder es ist eine Pause, nach der Du mit ein wenig Lesen wieder mit neuer Kraft voranschreiten kannst. Vielleicht ist es auch Inspiration und Zukunft für dich, dein nächstes Honigglas, das du dir selbst geöffnet und aus dem du nun immer einmal naschen kannst, wenn du neue Energie brauchst, um einen letzten Schritt der Verwandlung zu gehen.

Und da du den Weg mit mir bis hierhin, an dieses Ende vor einem neuen Anfang gegangen bist, möchte ich dir noch eines dieser Geheimnisse verraten, die in meinem Buch versteckt liegen:

Dieser letzte Schritt in dein neues Leben ist letztlich auch nur einer von vielen, die du bereits gegangen bist. Es ist auch keinesfalls der letzte. Es ist einfach nur – der nächste auf deinem Weg.

Alles wird gut.

Stefan

»Du musst nichts neu lernen. Du weißt doch schon alles. Du brauchst manchmal nur einen kleinen Regenbogen am Horizont, um dich an die Schönheit deiner Welt zu erinnern.«

Weil jeder Tag zählt (2)

2017. Es ist Mitte Februar und noch immer ziemlich kalt in und für Leipzig. Ich war gerade mit Freunden im Stadion und habe das Spiel Frankfurt gegen Leipzig angeschaut. Ich war das erste Mal dort. Fußball war nie so meins. Überhaupt bin ich damals nicht so oft ausgegangen. Die Kinder waren noch viel kleiner und mein Leben drehte sich um alles, nur nicht um mich. Dieser Tag war anders. Das wusste ich noch nicht, als ich mich in die Straßenbahn setzte, um in ein volles Stadion mit grölenden Fans und schwappenden Plaste-Bierbechern zu fahren. Aber als ich da war, war es irgendwie wie früher auf irgendeinem Festival. Es brüllte zwar keine Musik aus überdimensionierten Lautsprechern vor einer Bühne, die hoch vor einem aufragt, doch es gab Pommes mit Ketchup und Mayo, einen echten Einlass am Eingang mit Kontrolle und so und jede Menge Menschen. Meine Plasteflasche Wasser landete erstmal im Mülleimer, und der freundliche Mensch gab mir nach der obligatorischen Untersuchung noch den Hinweis, beim nächsten Mal doch bitte ohne Rucksack zu kommen, das wäre doch ziemlich lästig bei der Kontrolle und ich würde damit einfach nur den Verkehr aufhalten. Tatsächlich drängelten sich schon die ersten Besucher an mir vorbei, mit dem ein oder anderen »Na, wohl das erste Mal hier« auf den Lippen. Und ich dachte bei diesem Anfang so für mich, dass dieses erste Mal wohl auch das letzte sein würde. Denn ich mag solche Menschenansammlungen einfach nicht. Doch ich wollte mir den freien Nachmittag nicht selbst versauen, also blieb ich optimistisch und suchte in der Menge meine Freunde, die etwas abseits bereits auf mich warteten. Am Platz angekommen habe ich das erste Fußball-Spiel meines Lebens gesehen, und dabei ein wenig mitgegrölt, einen Schal geschwenkt, Bratwurst gegessen und versucht, mich mit Händen klatschen und immer mal Aufstehen warm zu halten. Ich habe mich dabei einfach an »den anderen« orientiert und langsam festgestellt, dass mir das schon Spaß macht, hier in so einem Stadion. Ich weiß ehrlicherweise gar nicht mehr, wie dieses Spiel ausging, doch das war auch nicht wichtig. Es war für mich der Moment des Zusammenseins mit Freunden, der wirklich zählte. Und den wollten wir noch ein wenig verlängern. Also haben wir uns entschlossen, nach dem Spiel noch auf ein Bier in die Stadt zu gehen. Ich weiß noch, dass wir liefen, da uns die Straßenbahnen zu voll waren. Wer den Weg dort kennt, weiß, dass sich die Strecke ziemlich zieht, auch wenn es gar nicht so weit ist. Wir wollten im Spizz direkt am Markt einkehren. Ich kannte damals den Wirt. Leider war das Spizz noch zu, alle anderen Kneipen auf dem Weg entweder noch geschlossen oder schon extrem voll. Und so erinnerte ich mich an einen provisorischen Bretterbau auf dem Augustusplatz, eine Art Almhütte vor einer künstlich angelegten Schlittschuhbahn. Ich war da vor ein paar Tagen mit den Kindern und es hat mir recht gut gefallen. Ich zog also meine Freunde mit, nochmal ein paar hundert Meter weiter zu dieser Hütte. Dort war so gar nix los, doch der Türsteher am Einlass (ja, den gab es wirklich) drückte uns bedeutungsvoll einen Stempel auf die Hand und gab uns den Hinweis, dass wir diesen brauchen würden, um wieder »reinzukommen«. Wir schauten wohl ein wenig konsterniert drein, weil nahezu alle Bierbänke in der Hütte leer waren und wir nicht verstanden, wozu das dann wohl gut sein sollte. Die Antwort darauf sollten wir eine Stunde später bekommen. Bis dahin saßen wir nahezu allein im Zelt, bestellten ein »Allgäuer Büble« – Weizen vom Fass – und etwas zu Essen, irgendwas, was nicht nach Fast Food klang, aber doch war. Es war kurz nach 17 Uhr, wir hatten eine ganze Bank für uns und konnten uns nach dem ohrenbetäubenden Brüll- und Sanges-Sturm im Stadion in Ruhe unterhalten. Schön. Entspannend.

Nur langsam wurde es voller, ich bemerkte es erst gar nicht, weil wir ja uns hatten. Bis dann Punkt 18 plötzlich ein DJ irgendeinen Schlager anspielte, erst leise, dann immer lauter. Schon zwei Minuten später standen unsere Nachbarn, die sich offenbar reingeschlichen haben mussten, auf den Bänken und sangen laut mit. Hmm. Schon wieder so eine Sache, die ja so gar nicht meins ist. Ne echte Prüfung für mich. Aber wir hatten gerade eben erst Nachschub bestellt und wollten für die Dauer des nächsten Bieres noch bleiben. Nun, um es abzukürzen – die Stimmung war gut und wir blieben länger. Eigentlich wollte ich fahren, aber irgendwie erinnerte mich dieses tobende Leben um mich herum wieder an ein Stück meiner Vergangenheit und ich ließ mich einfach treiben. An unserem Nachbartisch eskalierte da die Stimmung schon. Zu diesem Zeitpunkt kam von dort ein Mann zu uns rüber, um »mit euch zu feiern«, wie er sagte. Wir kannten uns nicht. Aber ok, auch das war ein Stück Erinnerung an die spontane Zeit der Jugend. Wir haben mehrfach aufeinander und allerlei andere Dinge angestoßen, die einem so einfallen an so einem Abend. Irgendwann kletterte dann besagter Nachbar, der nunmehr Dauergast bei uns war, auf unserer Bank nach oben, schaukelte bedenklich hin und her und brüllte, mit einem Bierglas in der Hand, aus dem ich schon die ein oder andere unfreiwillige Dusche erhielt, aus Leibeskräften einen Text nach dem anderen mit. Dabei nutzte er immer ein, zwei Sekunden Versatz zum Lautsprecher, weil natürlich niemand so viel Schlager-Text im Kopf haben kann – schon gar nicht an so einem Abend. Von »Griechischer Wein« bis zum berühmten »Bett im Kornfeld« war da alles dabei. Er hatte sichtlich Spaß. Ich fühlte mich dagegen zunehmend unwohl bei all der Grölerei in meiner Nähe. Unser Nachbar hingegen ließ sich nicht beirren und sang aus Leibeskräften weiter bis zu einem Klassiker von Vicky Leandros, »Ich liebe das Leben« (ich habe das Lied im Nachgang »gegoogelt«). Seine Stimme wurde erst leiser, dann brüchig und schließlich fing unser fröhlicher Nachbar hemmungslos an zu weinen. Er rutschte in sich zusammen, sackte regelrecht neben uns in die Bank, die Lebensfreude in seinem Gesicht wich einer tiefen Melancholie. Er legte mir seinen Arm über die Schulter, was mir echt unangenehm war. Und er sagte mir immer und immer wieder:

»Du darfst auch mal feiern, Mensch!«

Dabei stupste er mich immer wieder an. »Du darfst auch mal feiern. Feiern! Vor allem das Leben! Du hast doch nur das eine. Und jeder Tag davon zählt, Stefan!«

Ich weiß nicht mehr, wie unser Nachbar hieß. Ich weiß aber noch, dass er uns dann tränenüberströmt erzählte, dass er vielleicht nicht mehr lange zu leben hätte. »Egal jetzt warum«. Und das sei ja eigentlich auch nicht schlimm, sagte er dann, es gehe ihm ja gerade gut, er würde nur bedauern, so wenig gefeiert zu haben. Er hätte viel zu wenig gelebt und hätte viel zu viel Alltag in sein Leben hineingelassen. Er erzählte uns, dass er viel zu oft einfach nur danebengestanden und beobachtet hätte, statt selbst etwas zu tun.

Dann nahm er mich in den Arm. Oder war ich es – auch das weiß ich nicht mehr so genau. Er schaute mir tief in die Augen, blinzelte eine Träne weg und sagte:

»Feiere das Leben. Dann fürchtest du auch nicht den Tod.«

Ich blieb dann doch noch zwei, drei Straßenbahnabfahrten länger, bevor ich, nicht mehr ganz nüchtern, aber vor allem sehr nachdenklich, nach Hause fuhr. Ich habe ihn seitdem nie wieder gesehen. Wir haben auch keinen Kontakt ausgetauscht. Aber es war gut so, wie es war.

Seit diesem Abend gehe ich regelmäßig mit meinen Freunden aus. Auch immer mal ins Stadion. Ich mache mehr Sport. Ich sehe mir öfter – nicht immer – die Sonne bewusster an und halte mein Gesicht in den Wind, um das Leben zu spüren. Ich habe weiter einen Alltag, ja. Aber vor allem habe ich ein Leben. Ich kann es wieder spüren. Ich habe ein Leben. ***Ein*** Leben. So wenig Zeit für die vielen Dinge, die ich noch tun möchte.

Ich vergesse das immer noch manchmal. Ich vergesse mich. Dann tauche ich wieder für eine Weile in mein altes Ich und stehe ein paar Wochen neben mir und beobachte nur. Aber dann, dann erinnere mich wieder: Du wolltest doch mehr leben! Du wolltest doch mehr feiern! Du wolltest doch mehr träumen! Und immer dann sage ich dem Menschen, den ich vor Jahren so kurz in dieser improvisierten Almhütte kennenlernen durfte, ein stilles Danke, wo immer er jetzt ist. Für seine wenigen, aber wichtigen Worte, die mich seitdem begleiten. Deswegen schrieb ich dieses Buch auch für mich: Um mich zu erinnern. Und nun vielleicht ja auch dich.

»Niemand außer dir selbst entscheidet darüber, ob du dich glücklich oder unglücklich fühlst, glücklich oder unglücklich lebst, glücklich oder unglücklich bist.«

Besonders

Ich muss nicht besonders sein
Um gut zu sein
Ich muss nicht gut sein
Um besonders zu sein
Ich muss nicht anders sein
Um aufzufallen
Ich muss nicht auffallen
Um anders zu sein
Ich muss nicht gehen
Um anzukommen
Ich muss nicht ankommen
Um wieder zu gehen.

Ich denke
ich bin einfach
So wie ich bin
Besonders und gut
Manchmal auch
Besonders gut
Bin ganz sicher anders
Und andre Wege gegangen
Fall manchmal und manchem
Hier und da auf
Ich bin im Großen und Ganzen
In mir
ganz gut angekommen
Werd' einfach hier bleiben
Und nicht wieder gehen

Was sonst noch wichtig ist…

Die 10 wichtigsten Übungen für dich in diesem Buch

- Ordne deinen Weg mit den »Zeitformen des Lebens«
- Erkenne, was dir wichtig ist mit »Die Wunder des Alltags sehen«
- Lerne, intuitiv zu entscheiden mit dem »Münzexperiment«
- Sag Danke für deine Momente mit dem »Lebensbrief«
- Finde Vertrauen in dich selbst mit der »Zerreißprobe«
- Spüre dein inneres Kind mit »Ich mache mir meinen Weg leichter«
- Entscheide, was von dir bleiben auf dieser Welt soll, mit »Das packe ich in meinen Karton«
- Finde Mut mit »Schicke den Elefanten raus«
- Kehr zurück zu dir mit der »Reise in die Zukunft«
- Hilf und lerne Hilfe anzunehmen mit »Ich bitte Dich«

Mach aus Wünschen Ideen und Ziele mit »Aus Wunsch wird Wirklichkeit« (Bonus) – Du kannst dir von mir mein Schema »Aus Wunsch wird Wirklichkeit samt Übung als PDF Datei schicken lassen: **www.stefangoedecke.de/meinTag**

Empfehlungen zum Weiterlesen für dich

Eine Auswahl der ***Studien bzw. wissenschaftlichen Arbeiten***, die dich in den Themen dieses Buches weiterbringen können:

Über die ***Pascalsche Wette***: Pascal's Gedanken über die Religion und einige andere Gegenstände. Berlin, 1840

In der Studie »Wenn mehr Schmerzen weniger Schmerzen vorgezogen werden: Das Hinzufügen eines besseren Endes.« von Kahneman, Fredrickson, Schreiber, Redelmeier (u.a.), 1993, weisen die Autoren die ***Höchststand-Ende Regel*** mit einem medizinischen Experiment nach. Zwei Gruppen mussten dazu über eine gewisse Zeit ihre Hände in kaltes Wasser tauchen, in der Vergleichsgruppe wurde zum Ende hin die Wassertemperatur langsam um 1 Grad Celsius erhöht. Originaltitel: »When More Pain Is Preferred to Less: Adding a Better End«

In »Ein wundervolles Leben: ***Mentale Subtraktion*** positiver Ereignisse verbessert den emotionalen Zustand der Menschen – im Gegensatz zu ihren affektiven Prognosen« von Minyung Koo, Sara Algoe, Timothy Wilson, Daniel Gilbert (2008) zeigt die Autorengemeinschaft, dass das Nachdenken über das Fehlen eines positiven Ereignisses im eigenen Leben die affektiven Zustände stärker verbessern würde als das Nachdenken über das Vorhandensein eines positiven Ereignisses – und das die Menschen das selbst so nicht erwarten, wenn sie affektive Vorhersagen treffen würden.

Dass die ***Visualisierung*** einer bestimmten Bewegung Motivation und Antrieb für die physische Ausführung dieser anregt, beschrieb 1852 bereits der Naturwissenschaftler William Carpenter. Dabei geht die Wissenschaft davon aus, dass – je intensiver beziehungsweise sinnlicher (hören, schmecken, riechen, sehen) dabei die Visualisierung ist – desto bessere Effekte kann sie erzielen. Visualisierung wird oft und erfolgreich im Sport/Leistungssport angewendet. Zwei Studienempfehlungen:

»Der Grad des Bemühens und nicht die Intensität des Muskeltrainings bestimmt den Kraftzuwachs nach einem sechswöchigen Training«, Jiang, Ranganathan, Siemionow und H Yue, (2017) oder »Vorteile des kombinierten mentalen und körperlichen Trainings beim Erlernen einer komplexen motorischen Fähigkeit im Basketball«, Gaggioli, A. , Morganti, L. , Mondoni, M. & Antonietti, A. (2013)

Der Negativitätseffekt (»Negativitiy bias«) wurde in zahlreichen Studien untersucht. Ich möchte dir zwei spannende Studien empfehlen, wenn du hierzu noch ein wenig weiterlesen möchtest:

- Negativitätsverzerrung und Negativitätsdominanz von Paul Rozin und Edward Royzman, 2001
- Die Entwicklung der Urteilsverzerrung bei indirekter Reziprozität von Daniel J. Rankin and Franziska Eggimann, Universität Bern, 2009

Auch über die Umkehrung, den **Positivitätseffekt**, wurde viel geschrieben und studiert. Ich empfehle dir zum Weiterlesen:

- Der Positivitätseffekt: Eine negative Tendenz in der Jugend lässt mit dem Alter nach, Laura L. Carstensen und Marguerite DeLiema, 2018

Wer nachlesen möchte, was Roboter alles so mit und aus der **Hamilton Regel** machen, kann sich einmal diese Studie anschauen:

- »Ein quantitativer Test der der Hamilton-Regel für die Evolution des Altruismus«, Marcus Waibel, TH Lausanne 2011

Ein wenig der **Literatur**, die mich zum Schreiben inspiriert(e)
(die Reihenfolge ist keine Wertung)

- Charles Dickens, »Eine Weihnachtsgeschichte", 1843
- Hans Christian Andersen »Das kleine Mädchen mit den Schwefelhölzern«, 1845

- Richard Bach, »Die Möwe Jonathan«, 1970
- Eric Carle, »Die kleine Maus sucht einen Freund«, 1971
- Michael Ende »Momo«, 1973
- Paulo Coelho, »Der Alchimist«, 1996
- Neale Donald Walsch, »Ich bin das Licht!«, 1999
- Osho »Mut. Lebe wild und gefährlich«, 2004
- William P. Young, »Die Hütte. Ein Wochenende mit Gott«, 2007
- Wolf Erlbruch »Ente, Tod und Tulpe«, 2007

Extras und weiterführende Materialien

Gratis für dich gibt es drei große Dankeschön-Geschenke für dich von mit für das Lesen dieses Buches: Die Übungsbilder »Mein Lebensbaum« und »Aus Wunsch wird Wirklichkeit« schicke ich dir als PDF-Dokumente zu, die Traumreise »Reise in die Zukunft« kannst du dir von mir gesprochen anhören. Hier geht's lang:
www.stefangoedecke.de/meinTag

Extras zum Download

1. Lebensbaum-Schema (Grafik-PDF)
2. Reise in die Zukunft (MP3)
3. Nicht nur Manifestieren – Übungsblatt »Aus Wunsch wird Wirklichkeit«

Über den Autor

Stefan Goedecke schreibt am liebsten über das Leben, die Menschen, die wir während unserer Zeit hier lieben lernen, und den Alltag, den wir mal mehr, mal weniger mögen. Kleine, leise Geschichten von nebenan, Geschichten aus dem Leben und unsere Suche nach dem ganz eigenen Weg. Mit seinen Artikeln, Kursen und in seinen Auszeit-Briefen hat Stefan schon hunderttausende Menschen im Herzen berührt. Als Coach und Autor schreibt er selbst regelmäßig Beiträge in den Zeitschriften Auszeit und Ich bin. Gleich sein erstes Buch »Alles wird gut« (2021) wurde zum Bestseller der Edition Auszeit. Stefan lebt und arbeitet in Leipzig.

Bleib mit mir in Verbindung:
Instagram: @stefan.goedecke
Meine Auszeit-Briefe (gratis jeden Sonntag): www.stefangoedecke.de/Briefe
Schreib mir – wie gefällt dir mein Buch? tag@stefangoedecke.de

»Immer, wenn du mich brauchst, schließe deine Augen und suche in deinem Herzen nach mir. Dort wirst du mich finden.«
STEFAN GOEDECKE
Alles wird gut
Eine liebevolle Geschichte über das große Leben in einer kleinen Kirsche
„Tief berührend"
BESTSELLER
Auszeit
Jetzt im Buchhandel oder bei Amazon.
Alles wird gut
www.alleswirdgut-buch.de

Leseprobe aus:

Das Buch des Lebens – was wirklich wichtig ist

– 12 inspirierende Geschichten über das Suchen und Finden von Glück, Zufriedenheit und Sinn auf unserem Weg –

Das neue Buch von Stefan Goedecke mit neuen, emotionalen, spirituellen und lebensfrohen Geschichten über das Leben erscheint im März 2025 in der Edition Auszeit.

»Der Berg – Eine Geschichte über das Loslassen«
Es war einmal ein Berg. Er war groß und stark, stolz und wunderschön. Er erhob sich majestätisch über einem tiefen Tal und war so mächtig, dass selbst die Sonne jeden Tag hinter seinem mächtigen Rücken versank. Der Berg nannte mindestens vier scharfkantige Felsen, zwei tiefe Schluchten, 100 Bergziegen, zahlreiche Murmeltiere und unzählige Bäume und Sträucher sein eigen. Außerdem regierte er über ein kleines Bächlein, dem er gestattete, durch sein zauberhaftes Reich zu fließen. Eines Tages hatte er Streit mit dem Bergbach, denn dieser erdreistete sich, sein kühles Wasser im Tal dem Fluss zu übergeben, der es bis ins Meer tragen würde.

»Ich mag es, wenn Du mich sanft kitzelst, bleib bei mir!«, forderte der Berg den Bach auf.

»Ich fließe gerne hier und spende Dir Kühlung, lieber Berg«, antwortete da der Bach voller Demut. »Aber Du musst mich auch gehen lassen.«.

Der majestätische Berg jedoch wollte davon nichts wissen und verbot dem Bach, künftig zu Tale zu fließen. Auf sein Geheiß hin staute sich das gemütliche Bächlein nun hinter einer großen Mauer aus Geröll und Holz auf.

Nach einer Weile fragte der Bach den Berg, ob er sein Bett wieder nutzen und weiterfließen dürfe. Der Berg verneinte. Er genoss den stetigen Sonnenschein im ehemaligen Bett des Baches, räkelte und streckte sich vor den anderen Bergen. Immer, wenn ihm der Sinn nach Abkühlung stand, badete er in dem großen See, der der Bach jetzt war. Seine neuen Bewohner, die Fische, zupften sanft an seinem Grund.

So ging die Zeit ins Land. Nach einem weiteren Jahr rüttelte der Bach an seinen Mauern und sprach zum Berg: »Mein lieber Berg, ich trage jetzt so viel Wasser wie ein großer Fluss. Lass mich zum Meer fließen. Dazu wurde ich geboren, ich möchte andere Berge und Täler kennenlernen und nehme dabei auch immer gerne einen Teil von Dir mit. Schau, dort, wo die Sonne aufgeht, ist es bestimmt schön. Lass mich gehen und ich zeige Dir die Welt!«, drängte er.

Doch der Berg war zu stolz auf seinen See, denn er füllte mittlerweile seine beiden tiefen Schluchten und reichte fast bis an seine Kuppe. Kein anderer Berg hatte so einen See! Nein – dieser See gehörte nur ihm, er sollte bei ihm bleiben und mit ihm auch der kleine Bergbach, den er kannte, über den der Berg gebot, auch wenn sich dieser jetzt Fluss nannte. Und so ging ein weiteres Jahr ins Land.

Die Ziegen verließen den Berg, Murmeltiere gab es schon lange keine mehr und auch den Fischen wurde das Wasser zu tief und zu wild. Bäume und Sträucher wuchsen nur noch spärlich auf den letzten, Anhöhen des einstmals großen Berges, die der mächtige See noch nicht bedeckte. Heftig und stetig riss der Strom nun an seinen Mauern. Er zwängte sich in jede Lücke und versuchte der Umarmung des Berges zu entkommen. Hier und da tröpfelten schon zwei, drei kleine, aber stetige Rinnsaale aus der langsam bröckelnden Umarmung.

Der Berg strengte sich an, dem Wasser seine Grenzen aufzuzeigen, sammelte seine letzten Steine und befahl den verbliebenen Bäumen, sich dem Wasser in den Weg zu stellen. Doch trotz dieser Anstrengungen wurde aus den zarten Rinnsalen, die den See verließen, langsam aber doch sicher ein stetiger Strom Wasser, der sich nach und nach im alten Bett des Baches vereinte und dieses schon bald überschwemmte.

»Ich kann Dich nicht mehr halten«, sagte da der Berg traurig zu dem mächtigen Strom. »Du drückst zu sehr auf mein Gestein und tust mir weh. Wenn du weiter so steigst, werde ich in dir ertrinken.«.

»Lass mich los«, rief da der gewaltige Strom tief und kräftig dem kleinen Hügel zu, der einmal ein mächtiger Berg war. »Ich werde Dir immer verbunden bleiben, das verspreche ich Dir. Ich zeige Dir Gebirge, Täler und weite Ebenen«, versprach der Strom ihm ein letztes Mal.

»Ich will aber nicht, dass du gehst, sagte da die letzte Insel, die sich noch über das Wasser erhob und strengte seine einst so mächtigen Steinarme ein letztes Mal an, bevor der breite Strom über dem letzten trockenen Stück Gestein zusammenschlug und den Berg ganz und gar verschluckte. Er floss über seine Mauern und riss die Schönheit des Berges davon. Leise wimmerte da nun der von Wasser bedeckte Berg: „Lass mich doch stehen, mächtiger Strom, ich will auch alle Schleusen öffnen.«.

Doch der Strom hörte ihn nicht mehr, er war nun allein auf dem Weg zu neuen Ufern.

Danke

Ohne euch wäre dieses Buch nicht möglich gewesen: Ich danke meiner wundervollen Frau Janine, meinem Anker und meiner Inspiration. Ich danke meinen großartigen Kindern, ohne die ich über die wesentlichen Dinge des Lebens überhaupt nichts beitragen könnte. Ich danke meiner liebevollen Mutter, die mir das Schreiben schenkte. Ich danke meinem Freund Hans für jeden unserer Tage, die wir gemeinsam zu eben diesen Tagen machen, die zählen. Und ich danke dem Leben, das so schön und voller Wunder für mich ist. Danke.

Ich freue mich auf mehr von und mit euch.

Mehr Literatur aus der Edition Auszeit

104 Seiten | € 13,95 [D]
ISBN 978-3-948537-08-1
www.alleswirdgut-buch.de

Mehr Literatur aus der Edition Auszeit

128 Seiten | € 14,99 [D]
ISBN 978-3-948537-14-2
www.auszeit-webshop.de

Mehr Literatur aus der Edition Auszeit

556 Seiten | € 19,99 [D]
ISBN 978-3-948537-17-3
www.auszeit-webshop.de

Mehr Literatur aus der Edition Auszeit

160 Seiten | € 14,99 [D]
ISBN 978-3-948537-43-2
www.auszeit-webshop.de

Mehr Literatur aus der Edition Auszeit